JN074418

現場の疑問に答える

会計シリーズ❻

Q&A 税効果会計の実務

EY新日本有限責任監査法人［編］

第2版

中央経済社

改訂にあたって

　税効果会計は，いわゆる会計ビッグバンを契機に導入され，我が国の会計実務においても定着がなされてきました。税効果会計は，財務会計における法人税等の会計処理として，国際的にも広く採用されています。

　会計制度と税務制度の目的の違いから，会計上の利益と課税所得の乖離は今後も継続し，差異がなくなることはないでしょう。そのため，会計上，当該差異を調整し，会計上の利益と税金費用の期間対応を図ることを目的として税効果会計が会計上の重要な役割を失うことはないと考えられます。

　加えて，税効果会計の適用にあたっては，例えば，将来の課税所得の見積りやそれに基づく会社分類の検討を行う際に，過去の事業実績のみならず，将来の見込みがどのように描かれているかが重要な要素の１つとなっています。つまり，税効果会計の適用にあたっては，将来の事業計画などの経営者の見積りがどのようなプロセスで選定され，どのような仮定のもとに判断がなされたかについても，会計上の検討事項となってきています。

　本書では，税効果会計について，主に個別財務諸表，連結財務諸表，個別・連結財務諸表における開示，四半期・中間財務諸表，グループ通算制度，組織再編の各章に分け，適宜設例を入れながら実務の理解に役立つように解説しています。

　第２版では，2022年４月１日以後開始事業年度から適用のグループ通算制度に対応して公表された実務対応報告第42号「グループ通算制度を適用する場合の会計処理及び開示に関する取扱い」を反映し，論点を新たに盛り込んでいます。

　最後になりますが，本書の企画・執筆・編集に際し，また刊行に向けて，多大なるご尽力を頂いた株式会社中央経済社の末永芳奈氏に，心より御礼申し上げます。

2022年8月

EY新日本有限責任監査法人

執筆者一同

発刊にあたって

　日本企業を取り巻く経済情勢は，グローバル化のさらなる進展とともに，各国間の貿易問題，人口減少等のさまざまな問題が発生し，難しいかじ取りが必要な時代となっています。

　一方，企業会計の分野においては，国際会計基準（IFRS）の任意適用企業が2019年6月現在で180社を超えるなど，会計の国際化が進展しています。日本の会計基準においても「収益認識に関する会計基準」が企業会計基準委員会より2018年3月に公表され，2021年4月1日以降開始する事業年度より全面適用されることになるなど，国際会計基準および米国会計基準とのコンバージェンスが進んでいます。

　このような中，EY新日本有限責任監査法人は，「現場の疑問に答える会計シリーズ」を刊行することとしました。本シリーズは棚卸資産，固定資産，金融商品，研究開発費・ソフトウェア，退職給付，税効果，純資産，組織再編等の各テーマにおける会計論点を全編Ｑ＆Ａ形式で解説し，基本的な論点から最新の会計論点，実務で問題となる事項までわかりやすく説明しております。また，各巻に巻末付録として「IFRSとの差異一覧」と「Keyword」を設けて読者の皆様の便宜に供しております。

　本「現場の疑問に答える会計シリーズ」はEY新日本有限責任監査法人の監査現場の経験が豊富な公認会計士が執筆しております。本シリーズが各企業の経理担当者の方々，また，広く企業会計を学ぼうとしている方々のお役に立つことを願っております。

2019年7月

EY新日本有限責任監査法人

理事長　片倉　正美

目　　次

第2章　個別財務諸表における税効果会計の個別論点

第3章　連結財務諸表における税効果会計

第4章　連結財務諸表における税効果会計の個別論点

第5章　個別・連結財務諸表における開示

第6章 四半期・中間財務諸表における税効果会計

第7章 グループ通算制度における税効果会計

第8章 組織再編における税効果会計

巻末付録

凡例

法令，会計基準等の名称	略　称
財務諸表等の用語，様式及び作成方法に関する規則	財規
連結財務諸表の用語，様式及び作成方法に関する規則	連規
土地の再評価に関する法律	土地再評価法
「税効果会計に係る会計基準」（企業会計審議会）	税効果会計基準
税効果会計に係る会計基準・同注解（企業会計審議会）	税効果会計基準注解
企業会計基準第28号「「税効果会計に係る会計基準」の一部改正」	税効果会計基準一部改正
企業会計基準適用指針第28号「税効果会計に係る会計基準の適用指針」	税効果会計適用指針
企業会計基準適用指針第26号「繰延税金資産の回収可能性に関する適用指針」	回収可能性適用指針
企業会計基準適用指針第29号「中間財務諸表等における税効果会計に関する適用指針」	中間税効果会計適用指針
企業会計基準第10号「金融商品に関する会計基準」	金融商品会計基準
会計制度委員会報告第14号「金融商品会計に関する実務指針」	金融商品会計実務指針
「外貨建取引等会計処理基準」（企業会計審議会）	外貨建取引会計基準
企業会計基準第5号「貸借対照表の純資産の部の表示に関する会計基準」	純資産の部会計基準
企業会計基準第1号「自己株式及び準備金の額の減少等に関する会計基準」	自己株式等会計基準
企業会計基準適用指針第2号「自己株式及び準備金の額の減少等に関する会計基準の適用指針」	自己株式等適用指針
企業会計基準第25号「包括利益の表示に関する会計基準」	包括利益会計基準
企業会計基準第22号「連結財務諸表に関する会計基準」	連結会計基準
企業会計基準第16号「持分法に関する会計基準」	持分法会計基準
「固定資産の減損に係る会計基準」（企業会計審議会）	減損会計基準

企業会計基準適用指針第6号「固定資産の減損に係る会計基準の適用指針」	減損会計適用指針
企業会計基準第26号「退職給付に関する会計基準」	退職給付会計基準
企業会計基準第8号「ストック・オプション等に関する会計基準」	ストック・オプション会計基準
企業会計基準第21号「企業結合に関する会計基準」	企業結合会計基準
企業会計基準適用指針第10号「企業結合会計基準及び事業分離等会計基準に関する適用指針」	企業結合・事業分離適用指針
企業会計基準第12号「四半期財務諸表に関する会計基準」	四半期会計基準
企業会計基準適用指針第14号「四半期財務諸表に関する会計基準の適用指針」	四半期会計適用指針
企業会計基準第24号「会計方針の開示，会計上の変更及び誤謬の訂正に関する会計基準」	過年度遡及会計基準
企業会計基準第27号「法人税，住民税及び事業税等に関する会計基準」	法人税等会計基準
実務対応報告第42号「グループ通算制度を適用する場合の会計処理及び開示に関する取扱い」	実務対応報告第42号
監査委員会報告第66号「繰延税金資産の回収可能性の判断に関する監査上の取扱い」	旧監査委員会報告第66号
法人税法	法法
法人税法施行令	法令
地方税法	地法

第1章

個別財務諸表における
税効果会計

Point

- 税効果会計は，企業会計上の資産または負債の額と課税所得計算上の資産または負債の額に相違がある場合において，法人税等の額を適切に期間配分することにより，法人税等を控除する前の当期純利益と法人税等を合理的に対応させることを目的とする手続です。
- 回収可能性適用指針では，企業の過去の課税所得の状況および当期の課税所得の見込みについて要件を定義し，当該要件に基づき企業を5つの区分に分類した上で，分類に応じて，回収が見込まれる繰延税金資産の計上額を決定することを求めています。

Q1-1 税効果会計の意義

Q	税効果会計とは何か教えてください。
A	税効果会計とは，資産または負債に関する会計と税務の違いを考慮し，必要な調整を加えることで，各期の法人税等と法人税等控除前の利益を合理的に対応させる手続です。

解 説

　税効果会計とは，企業会計上の資産または負債の額と課税所得計算上の資産または負債の額の相違を調整対象とし，両者の合理的な期間的対応を目的とした手続です。ここで，税効果会計が対象とする「税金」は，法人税その他利益に関連する金額を課税標準とする税金を指します。

1．税効果会計に係る会計基準の定義

　税効果会計は，企業会計上の資産または負債の額と課税所得計算上の資産または負債の額に相違がある場合において，法人税等（法人税その他利益に関連する金額を課税標準とする税金）の額を適切に期間配分することにより，法人税等を控除する前の当期純利益と法人税等を合理的に対応させることを目的とする手続です（税効果会計基準第一）。

　このような定めがあることにより，我が国の税効果会計には，以下の2つの特徴があることがわかります。

- 資産負債法（会計上の資産または負債の額と課税所得計算上の資産または負債の額の相違に着目）を採用しており，繰延法（会計上の収益または費用の額と税務上の益金または損金の額の相違に着目）は採用していない。
- 法人税等について，発生主義の観点から税引前当期純利益との対応を図っている。すなわち，税引前当期純利益と課税所得に差異があるときであっても，法人税等合計（法人税等と法人税等調整額の合計）と税引前当期純利益を合理的に対応させている。

２．税効果会計適用による効果

　企業会計上の資産または負債の額と課税所得計算上の資産または負債の額は必ずしも一致しません。これは，会計が投資意思決定時の情報提供や分配可能利益の算定などを主な目的とするのに対し，税務は課税の公平性の確保を主な目的とすることによります。このように会計と税務の目的が異なることにより，収益または費用（益金または損金）の認識時点に相違が生じ，法人税等と税引前当期純利益とが期間的に対応しないことがあります。ここで，このような期間的不一致を解消するために税効果会計を適用した場合の効果について，以下の設例を用いて説明します。

設例 1 - 1　税効果会計を適用しない場合と適用した場合の比較

（前提条件）

　破産更生債権10,000に対して同額の貸倒引当金（うち，5,000は有税引当）を計上した。当期の税引前当期純利益は10,000，法人税，住民税及び事業税の法定実効税率は30％とする。

（税効果会計を適用しない場合）

【損益計算書の末尾】

税引前当期純利益　　　　　10,000
法人税，住民税及び事業税　4,500 ← （10,000＋5,000）×30％
当期純利益　　　　　　　　5,500
➡税負担率45％（法人税等4,500÷税引前当期純利益10,000）

　税効果会計を適用しない場合，以上のように税負担率が45％となり，法定実効税率30％を上回ります。これは，課税所得に有税引当部分5,000が含まれていることによります。この部分は翌期以降の税引前当期純利益に対応するものであるため，有税処理額5,000に法定実効税率を乗じた1,500は税金の前払いと捉えることができます。

4

【税効果会計を適用した場合】

【損益計算書の末尾】

税引前当期純利益	10,000
法人税，住民税及び事業税	4,500 ← （10,000＋5,000）×30％
法人税等調整額	△1,500 ← 5,000×30％
法人税等合計	3,000
当期純利益	7,000

➡負担率30％（法人税等合計3,000÷税引前当期純利益10,000）

　税効果会計を適用した場合，以上のように税負担率が30％となり，法定実効税率30％と一致します。税効果会計を適用しない場合における法人税，住民税及び事業税4,500のうち，1,500（有税処理額5,000に法定実効税率30％を乗じた額）は，翌期以降の納付税額の減額が見込まれるため，その原因が生じた当期において繰延税金資産（税金の前払い）を貸借対照表に計上するとともに，損益計算書では，当期の法人税，住民税及び事業税の額から同額減額するように調整することとなります（「法人税，住民税及び事業税」とは別に「法人税等調整額」として表示）。

3．税効果会計と会計実務

(1)　導入の背景

　税効果会計は，1998年に，我が国に初めて導入されました。当時，経済活動のグローバル化により企業の国際化が進むとともに，国内証券市場においても海外の投資家が増加し，財務会計の国際的調和を図る必要性が高まりました。そこで，いわゆる会計ビッグバンの一環として，日本の企業会計に税効果会計が導入されました。

(2)　関連する会計基準等

　税効果会計に関連する会計基準等としては，1998年10月に企業会計審議会から「税効果会計に係る会計基準」が公表されるとともに，日本公認会計士協会から関連する適用指針が随時公表されてきました。その後，税効果会計に関連する適用指針の作成は，日本公認会計士協会から企業会計基準委員会に移管されることとなり，2015年12月には「繰延税金資産の回収可能性に関する適用指

針」（企業会計基準適用指針第26号）が公表され，2018年2月には「税効果会計に係る会計基準の適用指針」（企業会計基準適用指針第28号）が公表されるに至っています。

> **ここ注意！**
>
> 　税効果会計が調整対象とする「税金」は，法人税その他利益に関連する金額を課税標準とする税金のみです。また，税効果会計は企業会計上と課税所得計算上の資産または負債の額の相違を調整対象とする「資産負債法」という考え方を採用しています。

Q1-2　税効果会計の対象

Q	税効果会計の対象となる税金の種類について教えてください。
A	税効果会計の対象となる税金は，利益に関連する金額を課税標準とする税金です。

解　説

　税効果会計の目的は，税引前当期純利益と法人税等の期間的対応を図ることにあります。このため，税効果会計の対象となる税金は，利益に関連する金額を課税標準とする税金となります（税効果会計基準第一）。

　財務諸表等規則においても，法人税その他利益に関連する金額を課税標準として課される租税については，税効果会計を適用して財務諸表を作成しなければならないことが定められています（財規8の11）。

1．税効果会計の対象となる税金

　税効果会計の対象となる税金の具体例としては，以下が挙げられます。外国で課される利益を課税標準とする法人税等も対象に含まれます。これらは，損益計算書において，「法人税，住民税及び事業税」として表示される税金です。

```
① 法人税
② 住民税（均等割額を除く）
③ 利益を課税標準とする事業税（所得割）
```

2．税効果会計の対象とならない税金

　税効果会計の対象とならない税金の具体例としては，以下が挙げられます。いずれも利益を課税標準としないものです。

```
① 住民税均等割額
② 収入を課税標準とする事業税
③ 外形標準課税の事業税（付加価値割，資本割）
④ 法人税法上の土地の譲渡益に課される特別課税
⑤ 固定資産税
⑥ 事業所税
⑦ 消費税等
⑧ 過少申告課税や重加算税等の罰科金
⑨ 同族会社の留保金に課される税金
```

Q1-3　資産負債法と繰延法

Q	資産負債法と繰延法の違いについて教えてください。
A	税効果会計では会計と税務の相違を調整しますが，資産・負債の算定に着目する資産負債法と，損益計算（課税所得計算）に着目する繰延法があります。我が国の税効果会計基準では，原則として資産負債法を採用しています。

解　説

　税効果会計には，資産負債法と繰延法という2つの考え方がありますが，我が国の税効果会計基準では，原則として資産負債法が採用されています。

1．資産負債法

　資産負債法とは，会計上の資産または負債の額と課税所得計算上の資産または負債の額との間に差異が生じており，当該差異が解消する時にその期の課税所得を減額または増額する効果を有する場合に，当該差異（一時差異）が生じた年度にそれに係る繰延税金資産または繰延税金負債を計上する方法です。したがって，資産負債法により計上する繰延税金資産または繰延税金負債の計算に用いる税率は，一時差異の解消見込年度に適用される税率となります（税効果会計適用指針89(1)）。

2．繰延法

　繰延法とは，会計上の収益または費用の額と税務上の益金または損金の額との間に差異が生じており，当該差異のうち損益の期間帰属の相違に基づくもの（期間差異）について，当該差異が生じた年度に当該差異による税金の納付額または軽減額を当該差異が解消する年度まで，繰延税金資産または繰延税金負債として計上する方法です。したがって，繰延法により計上する繰延税金資産または繰延税金負債の計算に用いる税率は，期間差異が生じた年度の課税所得計算に適用された税率となります（税効果会計適用指針89(2)）。

3．資産負債法と繰延法の比較

　繰延法が期間差異に対して税効果会計を適用するのに対し，資産負債法は一時差異に対して税効果会計を適用します。資産負債法における一時差異と繰延法における期間差異の範囲はほぼ一致しますが，有価証券等の資産または負債の評価替えにより直接純資産の部に計上された評価差額は一時差異ではありますが，期間差異ではありません。なお，期間差異に該当する項目は，すべて一時差異に含まれます（税効果会計適用指針90）。

　これは，直接純資産の部に計上された評価差額は，損益計算書を経由しておらず，課税所得にも影響しないので，会計上の損益と税務上の課税所得の間に差異が生じませんが，会計上の資産または負債の額と税務上の資産または負債の額の間には差異が生じているからです。したがって，当該評価差額について，資産負債法では税効果を認識するのに対し，繰延法では税効果を認識しません。

　また，税率の変更がある場合には，資産負債法では，繰延税金資産・繰延税金負債が再計算されますが，繰延法では再計算されません。つまり，繰延法による繰延税金資産・繰延税金負債には，過去の損益の税効果による調整の累積額という意味はあるものの，前払税金あるいは未払税金として，将来の税金を減額（増額）させる効果については検討されません。このため，繰延法による繰延税金資産・繰延税金負債には資産性・負債性が認められるとは限りません。

　このように，税効果の認識が限定的であること，繰延税金資産・繰延税金負債に資産性・負債性が認められるとは限らないことから，我が国では税効果会計に繰延法ではなく，原則として資産負債法が適用されています。国際的にも税効果会計に資産負債法を採用するのが主流となっています。

Q1-4　一時差異等と永久差異

Q	一時差異等と永久差異の違いについて教えてください。
A	一時差異等は，将来の税金を減額あるいは増額させる効果があり，税効果会計の適用対象となります。一方，永久差異は，将来の税金を減額あるいは増額させる効果がなく，税効果会計の適用対象となりません。

解説

　税効果会計は，一時差異等を調整対象とします。一時差異等は，「一時差異」と「税務上の繰越欠損金等」に分けられます（税効果会計基準第二　一4，税効果会計適用指針4(3)）。ここで，会計上の資産または負債の額と税務上の資産または負債の額との間に生じる差異のうち，将来の税金を減額または増額させる効果がない差異を永久差異といい，当該差異は税効果会計の調整対象外です。

1．一時差異

　一時差異とは，貸借対照表に計上されている資産および負債の金額と課税所

得計算上の資産および負債の金額との差額をいいます（税効果会計適用指針3
(2)）。一時差異は，例えば以下の場合に発生します。

> ①　収益または費用の帰属年度が相違する場合
> ②　資産の評価替えにより生じた評価差額が直接純資産の部に計上され，かつ，
> 　課税所得の計算に含まれていない場合

　①と②は，いずれも発生年度の税務上の所得計算には影響しませんが，①は
会計上の損益計算には影響します。このため，①は法人税申告書の別表四留保
欄に記載され，別表五(一)に転記されたうえで翌期に繰り越されます。一方，
②はそもそも税務上の所得計算には含まれません。

　このほかに，圧縮積立金，特別償却準備金，その他租税特別措置法上の諸準
備金のように，発生年度の会計上の損益計算には影響しませんが，税務上の所
得計算には影響するものもあります。

2．税務上の繰越欠損金等

　将来の課税所得と相殺可能な税務上の繰越欠損金等については，一時差異に
は該当しませんが，将来の税額を減少させる効果があるため，税効果会計上，
「税務上の繰越欠損金等」として一時差異と同様に扱われます。「税務上の繰越
欠損金等」には，繰越外国税額控除や繰越可能な租税特別措置法上の法人税額
の特別控除等が含まれます（税効果会計適用指針4(3)）。

　税務上の繰越欠損金および繰越外国税額控除の詳細は，Ｑ1-19およびＱ
1-20を参照してください。なお，一時差異および税務上の繰越欠損金等を合
わせて，「一時差異等」と総称します（税効果会計基準第二　一4）。

3．一時差異に該当しない差異

　税引前当期純利益の計算においては収益または費用として計上されるが，課
税所得計算においては永久に税務上の益金または損金に算入されないものがあ
り，このような差異を永久差異といいます。永久差異は，将来において，課税
所得を減額または増額させる効果を有さないため，一時差異等には該当しませ
ん。例えば，交際費等の損金不算入額や受取配当金の益金不算入額があります

（税効果会計適用指針77）。

ここ注意！

　税効果会計の調整対象は一時差異等（「一時差異」と「税務上の繰越欠損金等」を合わせた総称）のみであり，永久差異は調整対象外です。

Q1-5　将来減算一時差異と将来加算一時差異

Q	将来減算一時差異と将来加算一時差異とは何ですか。
A	一時差異のうち，差異解消時に課税所得を減額する効果をもつものを将来減算一時差異，課税所得を増額する効果をもつものを将来加算一時差異といいます。

解　説

　一時差異のうち，差異解消時に課税所得を減額する効果をもつものを「将来減算一時差異」，増額する効果をもつものを「将来加算一時差異」といいます（税効果会計基準第二　一3）。

1．将来減算一時差異

　将来減算一時差異が発生する典型的な例として，引当金，資産の評価損，あるいは未払事業税を会計上認識したときに，当該処理を税務上否認された場合が挙げられます。

　以下，未払事業税を例にとって，将来減算一時差異について説明します。X1年の期首における繰延税金資産はゼロであること，繰延税金資産の回収不能部分は存在しないこと，および法定実効税率が30％であることを前提とします。

設例 1 - 2 将来減算一時差異（未払事業税）

（前提条件）

　事業税（所得割）をX1年度に600，X2年度に700未払計上している。なお，中間納付はないものとする。納付時には未払事業税が取り崩されることから，X2年度に600が損金算入される。

（会計処理）

＜X1年度決算＞

| （借）　繰延税金資産 | 180 | （貸）　法人税等調整額 | 180 |

繰延税金資産：600×30％＝180

＜X2年度決算＞

| （借）　繰延税金資産 | 30 | （貸）　法人税等調整額 | 30 |

繰延税金資産：700×30％－180＝30

　事業税（所得割）については，会計上の費用認識時点と税務上の損金算入時点との間にずれがあり，会計上の負債を認識した時点で税務上の負債として認識されないため，両者に差異が生じます。未払事業税は納付時に課税所得計算上減算されます。したがって，将来減算一時差異に該当します。

2．将来加算一時差異

　将来加算一時差異が発生する典型的な例として，積立金方式による圧縮積立金や特別償却準備金等を会計上認識したときに，税務上の所得計算において減算調整がされた場合が挙げられます。

　以下，償却資産の圧縮積立金を例にとって，将来加算一時差異について説明します。法定実効税率が30％であることを前提とします。なお，非償却資産の圧縮積立金については，Ｑ2-10を参照してください。

設例 1-3　将来加算一時差異（圧縮積立金（償却資産））

（前提条件）

　X1年度に建物800を取得し，国庫補助金100の交付を受け，積立金方式により税務上100の圧縮記帳を行った。当該建物の法定耐用年数は10年であり，残存価額0として定額法により減価償却する。

（会計処理）

＜X1年度決算＞

| （借）法人税等調整額 | 30 | （貸）繰延税金負債 | 30 |

繰延税金負債の計算：100×30％＝30

| （借）繰越利益剰余金 | 70 | （貸）建物圧縮積立金 | 70 |

建物圧縮積立金の計算：100−30＝70

＜X2年度決算（X3年度以降も同様）＞

| （借）繰延税金負債 | 3 | （貸）法人税等調整額 | 3 |

繰延税金負債の計算：10×30％＝3

| （借）建物圧縮積立金 | 7 | （貸）繰越利益剰余金 | 7 |

建物圧縮積立金の計算：10−3＝7

　X1年度に国庫補助金受贈益100が発生しますが，積立金方式で建物の圧縮記帳を行うと，税務上は圧縮記帳の分（100）だけ建物の簿価が小さくなります（税務上の建物の簿価：800−100＝700）。一方で会計上の当該建物の簿価は800なので，差額の100が一時差異となります。この一時差異は，X2年度以降の各期の会計上の減価償却費が80（＝800÷10）であるのに対して，税務上の減価償却費が70（＝700÷10）となり，各期の課税所得が会計上の利益に比べて10ずつ大きくなることにより解消されます。したがって，将来加算一時差異に該当し，繰延税金負債が計上されます。

3．評価・換算差額等に係る税効果

　将来減算一時差異および将来加算一時差異には，会計上の損益計算に含められる項目だけではなく，その他有価証券評価差額金のように，評価・換算差額

等に含められる項目もあります。

　以下，設例により，評価・換算差額等に係る税効果について説明します。全部純資産直入法を適用すること，繰延税金資産の回収不能部分は存在しないこと，および法定実効税率が30％であることを前提とします。

> **設例1-4**　**評価・換算差額等に係る税効果（その他有価証券評価差額金）**
>
> **（前提条件）**
>
> 　X1年度に以下の上場株式（その他有価証券）を取得し，期末まで保有した。その取得原価および期末時点での時価は以下のとおりである。

銘柄	取得原価	時価	含み損益
A株式	1,300	2,000	700
B株式	2,000	1,500	△500

> **（会計処理）**
>
> **＜X1年度決算＞**
>
> ①　A株式

（借）　投 資 有 価 証 券	700	（貸）　繰 延 税 金 負 債	210
		その他有価証券評 価 差 額 金	490

繰延税金負債：700×30％＝210
その他有価証券評価差額金：700－210＝490

> ②　B株式

（借）　繰 延 税 金 資 産	150	（貸）　投 資 有 価 証 券	500
その他有価証券評 価 差 額 金	350		

繰延税金資産：500×30％＝150
その他有価証券評価差額金：500－150＝350

　A株式については評価差益（将来加算一時差異），B株式については評価差損（将来減算一時差異）が生じているため，その他有価証券評価差額金は税効果相当額を控除したうえで純資産の部に計上します。

　この設例は，個々の銘柄ごとに税効果計算を行っていますが，一括して計算することもできます（Q2-1参照）。

Q1-6 税効果会計を適用するための手順

Q	税効果会計を適用するための具体的な手順を教えてください。
A	税効果会計の適用については，まず一時差異等を把握し，当該一時差異等によって，将来税額が増加または減少される可能性を判断します。この結果に基づき，必要な会計処理および表示を行います。

解　説

　個別財務諸表における税効果会計の適用手順について，主要なステップに分けると，以下のとおりです。

図表1-1　税効果会計適用のステップ

1. 一時差異等の分類・集計

2. 法定実効税率の計算（税率変更の有無の把握を含む）

3. 繰延税金資産・繰延税金負債の（発生ベースの）把握

4. 回収可能性・支払可能性の判断

5. 繰延税金資産・繰延税金負債および法人税等調整額（評価差額等）の計上

6. 税効果会計関連の表示

1．一時差異等の分類・集計

　法人税申告書の別表四，五から一時差異を抜き出します。その際に税務上の繰越欠損金や繰越税額控除がある場合には，税務上の繰越欠損金等として集計します。一時差異には，その他有価証券評価差額金のように，法人税申告書から把握できない一時差異もあります。詳細はＱ1-15を参照してください。

2．法定実効税率の計算

　対象となる会社等の法定実効税率を算定します。その際，税率の変更がないことを確認します。改正された税法が決算日において国会で成立しており，将来の適用税率が確定している場合には，改正後の税率を適用します（税効果会計適用指針46）。詳細はＱ1-22およびＱ1-23を参照してください。

3．繰延税金資産・繰延税金負債の把握

　一時差異等に法定実効税率を乗じることにより，期末における繰延税金資産・繰延税金負債を把握します（回収可能性・支払可能性を考慮する前の金額）。

4．回収可能性・支払可能性の判断

　一時差異等については，「繰延税金資産の回収可能性に関する適用指針」（企業会計基準適用指針第26号）に基づき，繰延税金資産の回収可能性および繰延税金負債の支払可能性を判断します。詳細は，Ｑ1-17を参照してください。

5．繰延税金資産・繰延税金負債および法人税等調整額の計上

　以上の1から4までの結果を踏まえ，税効果会計に係る会計処理を行います。詳細はＱ1-18を参照してください。

6．税効果会計関連の表示

　財務諸表等規則や税効果会計基準等に基づき，税効果会計に係る個別財務諸表の表示を行います。詳細は，Ｑ5-1およびＱ5-2を参照してください。

Q1-7 企業の分類

Q	企業の分類を判定したいのですが，具体的にはどのようにすればいいですか。
A	収益力に基づく一時差異等加減算前課税所得等に基づいて繰延税金資産の回収可能性を判断する場合に，過去（3年）の課税所得の状況および当期の課税所得の見込み等に基づいて，企業を5つに分類しなければなりません。

解 説

　繰延税金資産の回収可能性を判断する場合の指針としては，回収可能性適用指針があります。回収可能性適用指針では，収益力に基づく一時差異等加減算前課税所得等に基づいて繰延税金資産の回収可能性を判断する場合の指針が示されています。

　回収可能性適用指針では，企業の過去の課税所得の状況および当期の課税所得の見込みについて要件を定義し，当該要件に基づき企業を5つに分類した上で，分類に応じて，回収が見込まれる繰延税金資産の計上額を決定することを求めています（回収可能性適用指針15）。

1．（分類1）に該当する企業

　以下の要件をいずれも満たす企業は，（分類1）に該当します。

(1)　過去（3年）および当期のすべての事業年度において，期末における将来減算一時差異を十分に上回る課税所得が生じている。
(2)　当期末において，近い将来に経営環境に著しい変化が見込まれない。

　上記(2)の要件は，通常，近い将来に課税所得を獲得する収益力を大きく変化させるような経営環境の変化が見込まれない場合，将来においても一定水準の課税所得が生じると予測できる状況にあることを意図したものです（回収可能性適用指針66）。

2．（分類2）に該当する企業

　以下の要件をいずれも満たす企業は，（分類2）に該当します。

---

(1)　過去（3年）および当期のすべての事業年度において，臨時的な原因により
　　生じたものを除いた課税所得が，期末における将来減算一時差異を下回るものの，
　　安定的に生じている。
(2)　当期末において，近い将来に経営環境に著しい変化が見込まれない。
(3)　過去（3年）および当期のいずれの事業年度においても重要な税務上の欠損
　　金が生じていない。

　上記(1)の要件である「臨時的な原因により生じたものを除いた課税所得が，
期末における将来減算一時差異を下回るものの，安定的に生じている」とは，
将来において一時差異等加減算前課税所得を安定的に獲得する収益力があるか
否かを判断することを意図したものです（回収可能性適用指針70）。

　上記(2)の要件は，（分類1）と同様に，将来の事象を勘案することを意図し
たものです（回収可能性適用指針68）。

3．（分類3）に該当する企業

　以下の要件をいずれも満たす企業は，（分類3）に該当します。

---

(1)　過去（3年）および当期において，臨時的な原因により生じたものを除いた
　　課税所得が大きく増減している。
(2)　過去（3年）および当期のいずれの事業年度においても重要な税務上の欠損
　　金が生じていない。
(3)　過去（3年）において，重要な税務上の欠損金の繰越期限切れとなった事実
　　がない。
(4)　当期末において，重要な税務上の欠損金の繰越期限切れが見込まれない。

　上記(1)の要件は，（分類2）と同様に，将来において一時差異等加減算前課
税所得を安定的に獲得するだけの収益力があるか否かを判断することを意図し
たものです。これを踏まえると，例えば，過去（3年）および当期における課
税所得の増減幅は大きいものの，全体として一定の高い水準で推移している場
合，（分類2）に該当するものと考えられます（回収可能性適用指針80）。

　なお，上記(1)における課税所得から臨時的な原因により生じたものを除いた

数値は，負の値となる場合も含まれます（回収可能性適用指針22）。

4．（分類4）に該当する企業

　以下のいずれかの要件を満たし，かつ，翌期において一時差異等加減算前課税所得が生じることが見込まれる企業は，（分類4）に該当します。

⑴　過去（3年）または当期において，重要な税務上の欠損金が生じている。

⑵　過去（3年）において，重要な税務上の欠損金の繰越期限切れとなった事実がある。

⑶　当期末において，重要な税務上の欠損金の繰越期限切れが見込まれる。

　将来の事象を勘案する観点から，翌期において一時差異等加減算前課税所得が生じることが見込まれることが（分類4）の要件の1つとなっています（回収可能性適用指針86）。

　また，（分類4）の要件を満たしていても，重要な税務上の欠損金が発生した原因等を勘案した結果，（分類2）または（分類3）に該当するものとして取り扱われる場合があります（回収可能性適用指針28，29）。

5．（分類5）に該当する企業

　以下の要件をいずれも満たす企業は，（分類5）に該当します。

⑴　過去（3年）および当期のすべての事業年度において，重要な税務上の欠損金が生じている。

⑵　翌期においても重要な税務上の欠損金が生じることが見込まれる。

　上記⑵は，（分類4）と同様に，将来の事象を勘案する観点から要件の1つになっています（回収可能性適用指針94）。

Q1-8 「臨時的な原因により生じたもの」とは

Q	（分類2）および（分類3）の要件となっている「臨時的な原因により生じたものを除いた課税所得」の「臨時的な原因により生じたもの」とは具体的にどのようなものでしょうか。
A	「臨時的な原因により生じたもの」とは，企業が置かれた状況や項目の性質等を勘案し，将来において頻繁に生じることが見込まれないと判断されるものが該当します。

解　説

　（分類2）または（分類3）では，「臨時的な原因により生じたものを除いた課税所得」を用いて，将来において一時差異等加減算前課税所得を安定的に獲得する収益力があるか否かを判断しています。ここで，課税所得から「臨時的な原因により生じたもの」を除くこととしたのは，過去において臨時的な原因により生じた益金および損金は，将来において頻繁に生じることが見込まれないという推定に基づいています（回収可能性適用指針71）。

　この点，営業損益項目に係る益金および損金は通常の事業活動から生じたものであることから，原則として，「臨時的な原因により生じたもの」に該当しないと考えられます。一方，営業外損益項目および特別損益項目に係る益金および損金のうち，企業が置かれた状況等に基づいて検討した場合に将来において頻繁に生じることが見込まれないものは「臨時的な原因により生じたもの」に該当することが考えられます。

　なお，営業外損益項目に係る益金および損金は毎期生じるものが多く，通常は「臨時的な原因により生じたもの」に該当しないと考えられますが，項目の性質によっては「臨時的な原因により生じたもの」に該当するものが含まれることがあると考えられます。一方，特別損益項目に係る益金および損金であっても必ずしも「臨時的な原因により生じたもの」に該当するとは限らず，企業が置かれた状況や項目の性質等を勘案し，将来において頻繁に生じることが見込まれるかどうかを個々に項目ごとに判断することになると考えられます（回

収可能性適用指針71）。

図表 1 - 2　臨時的な原因により生じたもの

項　目	臨時的な原因により生じたもの		
	該当する	該当しない	説　明
営業損益に係る益金および損金	―	✓	原則として，該当しない。該当すると判断される場合は，極めて限定的。
営業外損益に係る益金および損金	（✓）	✓	通常，該当しない。場合によっては該当するケースもある。
特別損益に係る益金および損金	✓	（✓）	一般的に，該当する。該当しないと判断されるケースもある。

Q1-9　（分類4）の要件を満たしても（分類2）または（分類3）として取り扱われるケース

Q　（分類4）の要件を満たしていても，（分類2）または（分類3）に該当するものとして取り扱われる場合とは，具体的にどのようなケースでしょうか。

A　重要な税務上の欠損金が生じた原因，中長期計画，過去における中長期計画の達成状況，過去（3年）および当期の課税所得または税務上の欠損金の推移等を勘案して，将来の一時差異等加減算前課税所得を見積る場合，将来において5年超にわたり，または，概ね3年から5年程度は一時差異等加減算前課税所得が生じることを企業が合理的な根拠をもって説明する場合，（分類2）または（分類3）に該当するものとして取り扱われます。

解　説

　以下のいずれかの要件を満たし，かつ，翌期において一時差異等加減算前課

税所得が生じることが見込まれる企業は，（分類 4 ）に該当します。

---

(1) 過去（ 3 年）または当期において，重要な税務上の欠損金が生じている。

(2) 過去（ 3 年）において，重要な税務上の欠損金の繰越期限切れとなった事実がある。

(3) 当期末において，重要な税務上の欠損金の繰越期限切れが見込まれる。

---

1 ．（分類 2 ）に該当するものとして取り扱う場合

　上記（分類 4 ）の要件を満たしたとしても，重要な税務上の欠損金が生じた原因，中長期計画，過去における中長期計画の達成状況，過去（ 3 年）および当期の課税所得または税務上の欠損金の推移等を勘案して，将来の一時差異等加減算前課税所得を見積る場合，将来において 5 年超にわたり一時差異等加減算前課税所得が安定的に生じることを企業が合理的な根拠をもって説明するときは（分類 2 ）に該当するものとして取り扱われます（回収可能性適用指針28）。（分類 4 ）の要件を満たしたとしても（分類 2 ）に該当するものとして取り扱われる例としては，過去において（分類 2 ）に該当していた企業が，当期において災害による損失により重要な税務上の欠損金が生じる見込みであることから（分類 4 ）の要件を満たすものの，将来の一時差異等加減算前課税所得を見積った場合に，将来において 5 年超にわたり一時差異等加減算前課税所得が安定的に生じることを企業が合理的な根拠をもって説明するときが挙げられます（回収可能性適用指針91）。

2 ．（分類 3 ）に該当するものとして取り扱う場合

　上記（分類 4 ）の要件を満たしたとしても，重要な税務上の欠損金が生じた原因，中長期計画，過去における中長期計画の達成状況，過去（ 3 年）および当期の課税所得または税務上の欠損金の推移等を勘案して，将来の一時差異等加減算前課税所得を見積る場合，将来において概ね 3 年から 5 年程度は一時差異等加減算前課税所得が生じることを企業が合理的な根拠をもって説明するときは（分類 3 ）に該当するものとして取り扱われます（回収可能性適用指針29）。（分類 4 ）の要件を満たしたとしても（分類 3 ）に該当するものとして取り扱われる例としては，過去において業績の悪化に伴い重要な税務上の欠損金

が生じており（分類4）に該当していた企業が，当期に代替的な原材料が開発
されたことにより，業績の回復が見込まれ，その状況が将来も継続することが
見込まれる場合に，将来において概ね3年から5年程度は一時差異等加減算前
課税所得が生じることを企業が合理的な根拠をもって説明するときが挙げられ
ます（回収可能性適用指針92）。

3．留意事項

　（分類4）の要件を満たす企業が（分類2）に該当するものとして取り扱われ
るケースは，一時差異等加減算前課税所得を5年超にわたり安定的に獲得す
るだけの収益力を企業が合理的な根拠をもって説明する場合であることから，
（分類4）の要件を満たす企業が（分類3）に該当するものとして取り扱われ
るケースに比べて多くはないものと考えられます（回収可能性適用指針89）。

　また，（分類1）に該当する企業においては，過去（3年）および当期のす
べての事業年度において期末における将来減算一時差異を十分に上回る課税所
得が生じていることが要件とされ，非常に高い収益力を想定していることを踏
まえ，（分類4）に係る分類の要件を満たす企業を（分類1）に該当するもの
として取り扱う定めはありません（回収可能性適用指針93）。

Q1-10 いずれの企業分類にも明確に当てはまらないケース

Q	（分類1）から（分類5）の各要件に照らして，いずれの分類にも明確に当てはまらないケースでは，どのように分類すればよいか教えてください。
A	各企業分類の要件をいずれも満たさない企業は，過去の課税所得の状況や当期および将来の課税所得の見込み等を総合的に勘案し，各企業分類の要件からの乖離度合いが最も小さいと判断されるものに分類する必要があります。

解　説

　回収可能性適用指針では，各分類の要件を設定するにあたっては，すべての
ケースを網羅するように定めると要件が複雑になり，実務上の判断が困難とな
り得ることが懸念されるため，分類の実行可能性の観点から，各分類の要件は
必要と考えられるものが示される形となっています（回収可能性適用指針65）。
このため，（分類1）から（分類5）の各要件に照らして，いずれの分類にも
明確に当てはまらないケースが生じることが想定されます。

　このようなケースにおいては，過去の課税所得または税務上の欠損金の推移，
当期の課税所得または税務上の欠損金の見込み，将来の一時差異等加減算前課
税所得の見込み等を総合的に勘案し，各企業分類の要件からの乖離度合いが最
も小さいと判断されるものに分類することとされました（回収可能性適用指針
16）。いずれの企業分類に該当するかを判断する際には，図表1-3が参考にな
ると思われます。

ここ注意！

　各企業分類の要件をいずれも満たさない企業において，保守主義の観点から，
単に低位の企業分類とするのは適切ではありません。あくまでも，過去の課税所
得または税務上の欠損金の推移，当期の課税所得または税務上の欠損金の見込み，
将来の一時差異等加減算前課税所得の見込み等を総合的に勘案し，各企業分類の
要件に最も近いと判断されたものに分類する必要があります。

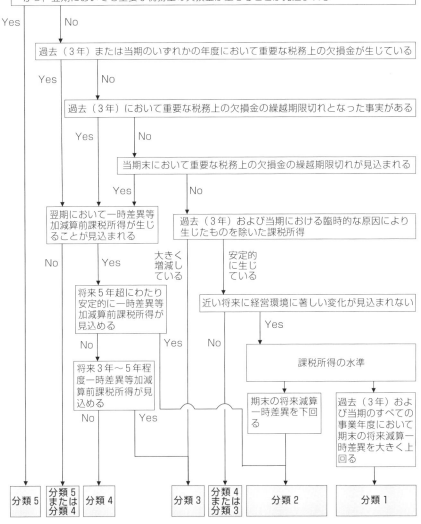

図表1-3　企業分類を判断するためのフローチャート

過去（3年）および当期のすべての事業年度において重要な税務上の欠損金が生じている，かつ，翌期においても重要な税務上の欠損金が生じることが見込まれる

Yes　　No

過去（3年）または当期のいずれかの年度において重要な税務上の欠損金が生じている

Yes　　No

過去（3年）において重要な税務上の欠損金の繰越期限切れとなった事実がある

Yes　　No

当期末において重要な税務上の欠損金の繰越期限切れが見込まれる

Yes　　No

翌期において一時差異等加減算前課税所得が生じることが見込まれる

過去（3年）および当期における臨時的な原因により生じたものを除いた課税所得

No　　Yes

大きく増減している

安定的に生じている

将来5年超にわたり安定的に一時差異等加減算前課税所得が見込める

近い将来に経営環境に著しい変化が見込まれない

Yes

No

課税所得の水準

将来3年〜5年程度一時差異等加減算前課税所得が見込める

No　　Yes

Yes　　No

期末の将来減算一時差異を下回る

過去（3年）および当期のすべての事業年度において期末の将来減算一時差異を大きく上回る

分類5

分類5または分類4

分類4

分類3

分類4または分類3

分類2

分類1

Q1-11 各企業分類における税効果会計の取扱い

Q	企業分類別の税効果会計の取扱いを教えてください。
A	企業分類別に定められた一定の期間内において解消すると見込まれる一時差異等の金額を基準に繰延税金資産を計上します。

解　説

　回収可能性適用指針では，5つの企業分類に応じて，回収が見込まれる繰延税金資産の計上額を決定することを求めています（回収可能性適用指針15）。

1．（分類1）に該当する企業の取扱い

　（分類1）に該当する企業においては，原則として，繰延税金資産の全額について回収可能性があるものと判断します（回収可能性適用指針18）。

　（分類1）に該当する企業においては，過去（3年）および当期のすべての事業年度において，期末における将来減算一時差異を十分に上回る課税所得が生じており，かつ，当期末において，近い将来に経営環境に著しい変化が見込まれない状況であるため，通常，当該企業が，将来においても一定水準の課税所得を発生させることが可能であると予測できます。したがって，そのような企業においては，一般的に，繰延税金資産の全額について，その回収可能性があると判断できます。なお，この場合には，スケジューリングが不能な将来減算一時差異についても，将来スケジューリングが可能となった時点で課税所得が発生する蓋然性が高いため，当該将来減算一時差異に係る繰延税金資産についても回収可能性があると判断できます（回収可能性適用指針67）。

2．（分類2）に該当する企業の取扱い

　（分類2）に該当する企業においては，一時差異等のスケジューリングの結果，繰延税金資産を見積る場合，当該繰延税金資産は回収可能性があるものと判断します（回収可能性適用指針20）。

　（分類2）に該当する企業においては，過去（3年）および当期のすべての

事業年度において，臨時的な原因により生じたものを除いた課税所得が安定的に生じており，かつ，当期末において，近い将来に経営環境に著しい変化が見込まれない状況であるため，通常，当該企業が，将来において一時差異等加減算前課税所得を安定的に獲得する収益力があると予測できます。しかし，期末における将来減算一時差異を十分に上回るほどの課税所得が生じているわけではないため，繰延税金資産の全額について回収可能性があるとまではいえません。将来減算一時差異の解消スケジュールを検討した結果，解消が見込める部分については，その回収可能性があるものと判断します。

　なお，上記を踏まえれば，（分類2）に該当する企業においては，スケジューリング不能な将来減算一時差異に係る繰延税金資産については，原則として，回収可能性がないものと判断されます。ただし，スケジューリング不能な将来減算一時差異のうち，税務上の損金の算入時期が個別に特定できないが将来のいずれかの時点で損金に算入される可能性が高いと見込まれるものについて，当該将来のいずれかの時点で回収できることを企業が合理的な根拠をもって説明する場合，当該スケジューリング不能な将来減算一時差異に係る繰延税金資産は回収可能性があるものと判断します（回収可能性適用指針21）。

3．（分類3）に該当する企業の取扱い

　（分類3）に該当する企業においては，将来の合理的な見積可能期間（概ね5年）以内の一時差異等加減算前課税所得の見積額に基づいて，当該見積可能期間の一時差異等のスケジューリングの結果，繰延税金資産を見積る場合，当該繰延税金資産は回収可能性があるものと判断します（回収可能性適用指針23）。

　（分類3）に該当する企業においては，過去（3年）および当期のいずれの事業年度においても重要な税務上の欠損金が生じてはいないものの，過去（3年）および当期において，臨時的な原因により生じたものを除いた課税所得が大きく増減している状況であるため，将来にわたり安定的に一定水準の課税所得を生じさせることに懸念があると考えられます。そこで，将来の一時差異等加減算前課税所得を合理的に見積ることができる期間に限り，当該見積りに基づくスケジューリングの結果，解消が見込める部分については，その回収可能

性があるものと判断します。

　この点，回収可能性適用指針では，将来の合理的な見積可能期間を「概ね5年」としていますが，これは，企業が中長期計画を策定する場合，一般的に3年から5年の期間で見積っている実務が定着していることを考慮して定められたものです。しかし，あくまでも「概ね5年」であって，一律に5年を限度としているものではありません。そこで，臨時的な原因により生じたものを除いた課税所得が大きく増減している原因，中長期計画，過去における中長期計画の達成状況，過去（3年）および当期の課税所得の推移等を勘案して，5年を超える見積可能期間においてスケジューリングされた一時差異等に係る繰延税金資産が回収可能であることを企業が合理的な根拠をもって説明する場合，当該繰延税金資産は回収可能性があるものと判断します（回収可能性適用指針24）。

　また，将来の合理的な見積可能期間は，個々の企業の業績予測期間，業績予測能力，当該企業の置かれている経営環境等を勘案した結果，5年以内のより短い期間となる場合がありますが，その場合，当該期間を合理的な見積可能期間とします（回収可能性適用指針25）。

4．（分類4）に該当する企業の取扱い

　（分類4）に該当する企業においては，翌期の一時差異等加減算前課税所得の見積額に基づいて，翌期の一時差異等のスケジューリングの結果，繰延税金資産を見積る場合，当該繰延税金資産は回収可能性があるものと判断します（回収可能性適用指針27）。

　（分類4）に該当する企業においては，過去（3年）または当期において，重要な税務上の欠損金が生じている，ないし，過去（3年）または当期において，重要な税務上の欠損金の繰越期限切れとなった，またはその見込みであるという状況であるため，一般的に，将来複数年度にわたり一時差異等加減算前課税所得が生じることは想定できません。したがって，翌期の1年分に限り，一時差異等加減算前課税所得を見積り，当該見積りに基づくスケジューリングの結果，解消が見込める部分については，その回収可能性があるものと判断します。

　（分類4）の要件を満たしたとしても，重要な税務上の欠損金が生じた原因，中長期計画，過去における中長期計画の達成状況，過去（3年）および当期の課税所得または税務上の欠損金の推移等を勘案して，将来の一時差異等加減算前課税所得を見積る場合，将来において5年超にわたり，または，概ね3年から5年程度は一時差異等加減算前課税所得が生じることを企業が合理的な根拠をもって説明する場合，（分類2）または（分類3）に該当するものとして取り扱われます。（分類2）に該当するものとして取り扱われる場合，前述 **2** の（分類2）に該当する企業の取扱いと同様ですが，（分類3）に該当するものとして取り扱われる場合，前述 **3** の（分類3）に該当する企業の取扱いのうち，5年を超える見積可能期間に係る繰延税金資産の回収可能性の定め（回収可能性適用指針24）は適用されないことに留意が必要です（回収可能性適用指針89）。

5．（分類5）に該当する企業の取扱い

　（分類5）に該当する企業においては，原則として，繰延税金資産の回収可能性はないものと判断します（回収可能性適用指針31）。

　（分類5）に該当する企業においては，過去（3年）および当期のすべての事業年度において，重要な税務上の欠損金が生じており，かつ，翌期においても重要な税務上の欠損金が生じることが見込まれる状況であるため，原則として，繰延税金資産の回収可能性はないものと判断します。

　なお，例えば，設立間もない企業等において，合理的な中長期計画により設立当初より継続して税務上の欠損金が生じることが予測されており，実際の税務上の欠損金の額が当該計画において予測された額で推移し，かつ，当該計画に従うと翌期より後の事業年度における一時差異等加減算前課税所得が見込まれるケースも，稀にはあり得ると考えられます。「原則として」との定めは，このような状況があり得ることを考慮したものです（回収可能性適用指針95）。

図表1-4　企業分類別の繰延税金資産の回収可能性

企業分類	回収可能と判断される範囲	留意点
（分類1）	原則として，全額	• 将来において税務上の損金に算入される可能性がほとんどない項目については，例外的に回収可能性がないと判断する場合がある（Q1-12を参照）
（分類2）	スケジューリング可能なもののみ	• スケジューリング不能なものであっても，一定の要件を満たせば回収可能と判断できる
（分類3）	将来の合理的な見積可能期間（概ね5年）以内において，スケジューリング可能なもののみ	• 一定の要件を満たせば，5年を超えてスケジューリング可能 • 5年より短い期間の場合もある
（分類4）	翌期において，スケジューリング可能なもののみ	• （分類3）に該当するものとして取り扱う場合，5年を超えてスケジューリングを行うことはできない
（分類5）	なし	• 稀なケースではあるが，回収可能と判断される余地がある

Q1-12　（分類1）の企業における繰延税金資産の回収可能性に係る例外的取扱い

Q	（分類1）に該当する企業における繰延税金資産の回収可能性に係る例外的取扱いについて教えてください。
A	（分類1）に該当する企業において，将来の状況により税務上の損金に算入されない項目に係る一時差異について，例外的に回収可能性がないと判断する場合があります。

解説

　回収可能性適用指針では，（分類1）に該当する企業においては，原則とし

て，繰延税金資産の全額について回収可能性があるものとする，と定められています（回収可能性適用指針18）。（分類1）の企業において，将来にわたってその解消時期が特定できないスケジューリング不能な将来減算一時差異が生じた場合であっても，回収可能性適用指針の定めどおり，回収可能性があるものとして取り扱ってしまうと，繰延税金資産が過大に計上されるおそれがあるとも考えられます。

　しかし，（分類1）に該当する企業は，その高い収益性を背景に，通常，将来においても一定水準の課税所得を発生させることが可能であると予測できることから，繰延税金資産の全額について，その回収可能性があると判断できます。したがって，スケジューリングが不能な将来減算一時差異についても，将来スケジューリングが可能となった時点で課税所得が発生する蓋然性が高いため，当該スケジューリング不能な将来減算一時差異に係る繰延税金資産についても回収可能性があると判断できます（回収可能性適用指針67）。

　ただし，例えば，完全支配関係にある国内の子会社株式の評価損について，企業が当該子会社を清算するまで当該子会社株式を保有し続ける方針がある場合等，将来において税務上の損金に算入される可能性が低い場合に当該子会社株式の評価損に係る繰延税金資産の回収可能性はないと判断するのが適切であると考えられます。このことから，（分類1）に該当する企業においては，「原則として」繰延税金資産の全額について回収可能性があるものとする，と定められており，将来の状況により税務上の損金に算入されない項目に係る一時差異について，例外的に回収可能性がないと判断する場合があることを明らかにしています（回収可能性適用指針67-4）。

ここ注意！

　平成30年2月16日改正前の回収可能性適用指針では，「原則として」という文言が記載されていなかったため，将来の状況により税務上の損金に算入されない項目に係る一時差異についての取扱いが明確ではありませんでしたが，平成30年2月16日改正において，回収可能性がないと判断する場合があることが明らかにされました。

　なお，完全支配関係にある国内の子会社株式の評価損のように，当該子会社

株式を売却したときには税務上の損金に算入されるが，当該子会社を清算したときには税務上の損金に算入されないこととされているものについて，当該子会社株式を将来売却するか，当該子会社を清算するか等が判明していない場合であっても，個別貸借対照表に計上されている資産の額と課税所得計算上の資産の額との差額は，当該差額が解消する時にその期の課税所得を減額する効果を有する可能性があることから，一時差異（将来減算一時差異）に該当することになります（回収可能性適用指針67-3，税効果会計適用指針81）。

Q1-13　（分類2）の企業におけるスケジューリング不能な将来減算一時差異に係る繰延税金資産の回収可能性があると判断できるケース

Q	（分類2）に該当する企業において，スケジューリング不能な将来減算一時差異に係る繰延税金資産について，回収可能性があると判断できるのはどのようなケースでしょうか。
A	（分類2）に該当する企業において，スケジューリング不能な将来減算一時差異のうち，税務上の損金の算入時期が個別に特定できないが将来のいずれかの時点で損金に算入される可能性が高いと見込まれるものについて，当該将来のいずれかの時点で回収できることを企業が合理的な根拠をもって説明する場合，当該スケジューリング不能な将来減算一時差異に係る繰延税金資産は回収可能性があるものと判断します。

解　説

1．スケジューリング不能な将来減算一時差異に係る繰延税金資産

　回収可能性適用指針では，（分類2）に該当する企業においては，一時差異等のスケジューリングの結果，繰延税金資産を見積る場合，当該繰延税金資産は回収可能性があるものとする（回収可能性適用指針20），と定められています。したがって，（分類2）に該当する企業においては，スケジューリング不能な将来減算一時差異に係る繰延税金資産については，原則として，回収可能性がないものと判断されます。ただし，スケジューリング不能な将来減算一時

差異のうち，税務上の損金の算入時期が個別に特定できないが将来のいずれかの時点で損金に算入される可能性が高いと見込まれるものについて，当該将来のいずれかの時点で回収できることを企業が合理的な根拠をもって説明する場合，当該スケジューリング不能な将来減算一時差異に係る繰延税金資産は回収可能性があるものと判断します（回収可能性適用指針21）。

　例えば，業務上の関係を有する企業の株式（いわゆる政策保有株式）のうち過去に減損処理を行った上場株式について，当期末において，株式の売却時期の意思決定は行っていないが，市場環境，保有目的，処分方針等を勘案すると将来のいずれかの時点で売却する可能性が高いと見込む場合があります。この場合，当該上場株式の減損に係る将来減算一時差異は，期末時点では当該上場株式の売却時期の意思決定または実施計画等が存在していないことから，どの時点でスケジューリングが可能となるか特定されていないため，税務上の損金の算入時期が明確でない一時差異としてスケジューリング不能な将来減算一時差異に該当することとなると考えられますが，（分類2）に該当する企業においては，長期的に安定して一時差異等加減算前課税所得が生じることが見込まれるため，スケジューリングが可能となった場合，相殺できる課税所得（すなわち，当該上場株式の減損に係る将来減算一時差異以外の将来減算（加算）一時差異の解消額を減算（加算）した後の課税所得）が生じる可能性があれば，一定の回収可能性を認め得ると考えられます（回収可能性適用指針75）。

　また，役員退職慰労引当金に係る将来減算一時差異についても，役員在任期間の実績や社内規程等に基づいて役員の退任時期を合理的に見込むことができないようなケースにおいては，スケジューリング不能な将来減算一時差異として取り扱います（回収可能性適用指針37）。そして，（分類2）に該当する企業においては，役員退職慰労引当金に係るスケジューリング不能な将来減算一時差異について，将来のいずれかの時点で回収できることを企業が合理的な根拠をもって説明する場合，当該将来減算一時差異に係る繰延税金資産は回収可能性があるものと判断できます。

　なお，期末において税務上の損金の算入時期が明確ではない将来減算一時差異のうち，例えば，貸倒引当金等のように，将来発生が見込まれる損失を見積ったものであるが，その損失の発生時期を個別に特定し，スケジューリング

することが実務上困難なものは，過去の税務上の損金の算入実績に将来の合理的な予測を加味した方法等によりスケジューリングが行われている限り，スケジューリング不能な一時差異とは取り扱いません（回収可能性適用指針13）。したがって，（分類2）に該当する企業に係るスケジューリング不能な将来減算一時差異の取扱いには，スケジューリング不能な一時差異とは取り扱わない，としているものは含まれないことに留意が必要です（回収可能性適用指針76）。

2．「企業が合理的な根拠をもって説明する場合」の意味

　（分類2）に該当する企業において，スケジューリング不能な将来減算一時差異のうち，税務上の損金の算入時期が個別に特定できないが将来のいずれかの時点で損金に算入される可能性が高いと見込まれるものについて，当該将来のいずれかの時点で回収できることを企業が合理的な根拠をもって説明する場合，当該スケジューリング不能な将来減算一時差異に係る繰延税金資産は回収可能性があるものと判断するという取扱い（回収可能性適用指針21）は，スケジューリング不能な将来減算一時差異に係る繰延税金資産について回収可能性がないものとする原則的な定めに対して，スケジューリング不能な将来減算一時差異に係る繰延税金資産を回収できることを企業が合理的な根拠をもって説明する場合には原則とは異なる取扱いを容認することで，繰延税金資産の計上額が企業の実態をより適切に反映したものとなることを意図したものです（回収可能性適用指針77）。

　企業の検討に基づき適用する場合にのみ原則とは異なる取扱いを容認することを意図しており，その意図を明確にするために，「企業が合理的な根拠をもって説明する場合」とし，検討を行う主体が企業であることが明示されています（回収可能性適用指針78）。

3．その他の留意事項

　（分類2）に該当する企業において，スケジューリング不能な将来減算一時差異のうち，その一部に係る繰延税金資産の回収可能性があるものと判断できるか否かは，回収可能性適用指針で具体的に示された政策保有株式や役員退職慰労引当金に係る将来減算一時差異かどうかという「項目」による判断ではな

く，将来いずれかの時点で損金に算入される可能性が高いと見込まれるものに
関して，当該将来いずれかの時点（年度）において，「課税所得」がスケジュー
リング不能な将来減算一時差異を上回る見込みが高いかどうかを慎重に判断す
ることが重要です。

　また，コーポレート・ガバナンスコードが適用される企業においては，開示
されたコーポレート・ガバナンスに関する報告書の中で，政策保有株式に関す
る方針等が具体的に記載されているケースがあります。このようなケースにお
いて，開示する企業が（分類2）に該当する企業であれば，政策保有株式に係
る将来減算一時差異が生じており，かつ，当該将来減算一時差異をスケジュー
リング不能な将来減算一時差異として取り扱う場合，当該取扱いがコーポレー
ト・ガバナンスに関する報告書の内容と整合的であるかの検討が必要です。

Q1-14　（分類3）の企業における5年を超える見積可能期間

Q	（分類3）に該当する企業において，5年超の見積課税所得により繰延税金資産の回収可能性があると判断できるのはどのようなケースでしょうか。
A	（分類3）に該当する企業において，臨時的な原因により生じたものを除いた課税所得が大きく増減している原因，中長期計画，過去における中長期計画の達成状況，過去（3年）および当期の課税所得の推移等を勘案して，5年を超える見積可能期間においてスケジューリングされた一時差異等に係る繰延税金資産が回収可能であることを企業が合理的な根拠をもって説明する場合，当該繰延税金資産は回収可能性があるものと判断します。

解　説

1．5年を超える見積可能期間におけるスケジューリング

　回収可能性適用指針では，（分類3）に該当する企業においては，将来の合
理的な見積可能期間（概ね5年）以内の一時差異等加減算前課税所得の見積額
に基づいて，当該見積可能期間の一時差異等のスケジューリングの結果，繰延

税金資産を見積る場合，当該繰延税金資産は回収可能性があるものとする（回収可能性適用指針23），と定められています。ただし，臨時的な原因により生じたものを除いた課税所得が大きく増減している原因，中長期計画，過去における中長期計画の達成状況，過去（3年）および当期の課税所得の推移等を勘案して，5年を超える見積可能期間においてスケジューリングされた一時差異等に係る繰延税金資産が回収可能であることを企業が合理的な根拠をもって説明する場合，当該繰延税金資産は回収可能性があるものと判断します（回収可能性適用指針24）。

　例えば，製品の特性により需要変動が長期にわたり予測できる場合，当該需要変動の推移から課税所得が大きく増減している原因を合理的な根拠をもって説明できる可能性があります。この場合，当期に策定した中長期計画等に基づき，5年を超える見積可能期間においてスケジューリングされた一時差異等に係る繰延税金資産が回収可能であることを企業が合理的な根拠をもって説明するときは，当該繰延税金資産は回収可能性があるものと考えられます（回収可能性適用指針85）。

　また，過去においては課税所得が大きく増減していたが，長期契約が新たに締結されたことにより，長期的かつ安定的な収益が計上されることが明確になる場合も考えられます。この場合，長期契約の内容を勘案し，5年を超える見積可能期間においてスケジューリングされた一時差異等に係る繰延税金資産が回収可能であることを企業が合理的な根拠をもって説明するときは，当該繰延税金資産は回収可能性があるものと考えられます（回収可能性適用指針85）。

2．「企業が合理的な根拠をもって説明する場合」の意味

　（分類2）に該当する企業におけるスケジューリング不能な将来減算一時差異の取扱いと同様です。Q1-13をご参照ください。

（分類4）の要件を満たしたとしても，（分類3）に該当するものとして取り扱われるケースがありますが，この場合，（分類3）における，5年を超える見積可能期間に係る繰延税金資産の回収可能性の定め（回収可能性適用指針24）は適用されないことに留意が必要です（回収可能性適用指針89）。

Q1-15　一時差異等の把握方法

Q	一時差異等はどのように集計すればよいでしょうか。
A	一時差異等は以下に分類され，それぞれについて集計する必要があります。 • 収益または費用の帰属年度の相違から生じる差額 • 資産または負債の評価替えにより生じた評価差額等 • 一時差異に準ずるもの

解　説

1．収益または費用の帰属年度の相違から生じる差額

　企業は課税所得を計算するため，企業会計上の収益または費用と法人税法上の益金または損金が相違する項目について，別表四「所得の金額の計算に関する明細書」において，加減算を行います。そして，このうち，企業会計上と法人税法上で帰属年度が相違することによる調整項目（期間差異）は，別表四の留保欄に記載され，別表五(一)「利益積立金額及び資本積立金額の計算に関する明細書」に転記されます。

　したがって，収益または費用の帰属年度の相違から生じる一時差異として集計された項目は，別表五(一)に記載された項目と整合していることが必要となります。

2．資産または負債の評価替えにより生じた評価差額等

　資産または負債の評価替えにより生じた評価差額等には，その他有価証券評

価差額金や繰延ヘッジ損益のように，資産または負債は時価をもって貸借対照表価額としているが当該資産または負債に係る評価差額を当期の損益としていない場合の当該評価差額等が含まれます（純資産の部会計基準8）。これらの項目は，会計上の資産または負債の額と税務上の資産または負債の額との間に差額が生じているため，一時差異に該当します。

3．一時差異に準ずるもの

　一時差異ではありませんが，解消するときに一時差異と同様の効果を有する項目として，税務上の繰越欠損金等があります。税務上の繰越欠損金等は，一時差異に準ずるものとして，税効果会計上集計が必要となります。なお，税務上の繰越欠損金等には，繰越外国税額控除や繰越可能な租税特別措置法上の法人税額の特別控除等が含まれます（回収可能性適用指針3(2)，56）。

Q1-16　一時差異等加減算前課税所得

Q　一時差異等加減算前課税所得の算定方法を教えてください。

A　一時差異等加減算前課税所得は，将来の事業年度における課税所得の見積額から，当該事業年度において解消することが見込まれる当期末に存在する将来加算（減算）一時差異等の額を除いて算定します。

解 説

1．一時差異等加減算前課税所得

　一時差異等加減算前課税所得とは，将来の事業年度における課税所得の見積額から，当該事業年度において解消することが見込まれる当期末に存在する将来加算（減算）一時差異の額（および該当する場合は，当該事業年度において控除することが見込まれる当期末に存在する税務上の繰越欠損金の額）を除いた額をいいます（回収可能性適用指針3(9)）。なお，過去に関する要件については，過去において将来減算一時差異が解消した時に税金負担額を軽減したか

どうかに関する実績を把握する必要があるため,「課税所得」という表現を使用している一方で,将来に関する要件については,将来において当期末に存在する将来減算一時差異が解消する時に税金負担額を軽減する効果を有するかどうかを判断する必要があるため,「一時差異等加減算前課税所得」という表現を使用しています(回収可能性適用指針58)。両者は明確に使い分ける必要がある点に留意が必要です。

　具体的には,以下の設例のように一時差異等加減算前課税所得を算定することになります。

設例1-5　一時差異等加減算前課税所得の算定方法

（前提条件）

(1) 現在はX1年3月期末であり,当期末の賞与引当金残高は400,減価償却超過額は20。

(2) 翌期（X2年3月期）末の賞与引当金残高は350,減価償却超過額は10（新たに発生した償却超過はなく,10が認容された）の見込み。

(3) 翌々期（X3年3月期）末の賞与引当金残高は380,減価償却超過額はゼロ（新たに発生した償却超過はなく,10が認容された）の見込み。

(4) 翌期の税引前利益の予測は500,翌々期の税引前利益の予測は470。

（一時差異等加減算前課税所得の算定）

項　目		当期末残高	翌期以降の見込み	
		X1年3月期	X2年3月期	X3年3月期
課税所得				
	税引前利益		500	470
	賞与引当金		350	30
	減価償却費			
	一時差異等加減算前課税所得合計		850	500

将来減算一時差異				
	賞与引当金	400	(400)	
	減価償却費	20	(10)	(10)
	将来減算一時差異合計	420	(410)	(10)
	差引課税所得		440	490

　上記表は，毎期加減算される項目である賞与引当金および減価償却超過額が一時差異等加減算前課税所得の算定にどのように影響するかという点を示しています。

　X2年3月期では，見込税引前利益500に賞与引当金に係る加算350，減算400，および減価償却超過額に係る減算10を調整した440が見込課税所得となります。そして，見込課税所得440から，当期末（X1年3月期）に存在する将来減算一時差異の解消見込額410（賞与引当金400および減価償却超過額10）の影響を控除した850が一時差異等加減算前課税所得となります。すなわち，見込税引前利益500に，賞与引当金の加算額である350を加算して，一時差異等加減算前課税所得850と算定することになります。

　X3年3月期では，見込税引前利益470に賞与引当金に係る加算380，減算350，および減価償却超過額に係る減算10を調整した490が見込課税所得となります。そして，見込課税所得490から，当期末（X1年3月期）に存在する将来減算一時差異の解消見込額10（減価償却超過額）の影響を控除した500が一時差異等加減算前課税所得となります。すなわち，見込税引前利益470に，賞与引当金の加算算額である30（380加算－350減算）を調整して，一時差異等加減算前課税所得500と算定することになります。

（参考）回収可能性適用指針　設例1

2．将来の（一時差異等加減算前）課税所得の見積りにおける留意点

　税効果会計を適用するにあたり，以下のようないくつかの場面で，将来の課税所得（一時差異等加減算前課税所得を含みます。以下，同じ）を見積ることが必要となります。

　• 企業の分類のために，（当期末を含む）将来の課税所得（または欠損金）を見積

るケース（回収可能性適用指針26，28，29，30）
- 将来減算一時差異等の税金減額効果の有無を判断するために，将来の一時差異
  等加減算前課税所得を見積るケース（回収可能性適用指針20，23，24，27）

　これら将来の課税所得については，企業の実態に即して合理的に見積る必要
があります。具体的には，適切な権限を有する機関の承認を得た業績予測の前
提となった数値を，経営環境等の企業の外部要因に関する情報や企業が用いて
いる内部の情報（過去における中長期計画の達成状況，予算やその修正資料，
業績評価の基礎データ，売上見込み，取締役会資料を含みます）と整合的に修
正し，見積ることが重要です（回収可能性適用指針32）。

Q1-17 　繰延税金資産の回収可能性

Q	繰延税金資産の回収可能性を判断する方法を教えてください。
A	繰延税金資産の回収可能性は，以下に基づいて，将来の税金負担額を軽減する効果を有するかどうかを判断します。 • 収益力に基づく一時差異等加減算前課税所得 • タックス・プランニングに基づく一時差異等加減算前課税所得 • 将来加算一時差異

解 説

　繰延税金資産の回収可能性は，収益力に基づく一時差異等加減算前課税所得，
タックス・プランニングに基づく一時差異等加減算前課税所得，将来加算一時
差異に基づいて，将来の税金負担額を軽減する効果を有するかどうかを判断し
ます（回収可能性適用指針6）。繰延税金資産は，税金負担額を軽減すること
ができると認められる範囲内で計上するものとし，その範囲を超える額につい
ては控除しなければなりません（回収可能性適用指針7）。

1．収益力に基づく一時差異等加減算前課税所得

　将来減算一時差異の解消見込年度およびその解消見込年度を基準として税務上の欠損金の繰戻しおよび繰越しが認められる期間（以下「繰戻・繰越期間」といいます）に，一時差異等加減算前課税所得が生じる可能性が高いと見込まれるかどうかを判断します（回収可能性適用指針6(1)）。なお，一時差異等加減算前課税所得が生じる可能性が高いと見込まれるかどうかを判断するためには，過去の業績や納税状況，将来の業績予測等を総合的に勘案し，将来の一時差異等加減算前課税所得を合理的に見積る必要があります。この点については，Q1-16をご参照ください。

2．タックス・プランニングに基づく一時差異等加減算前課税所得

　将来減算一時差異の解消見込年度および繰戻・繰越期間または繰越期間に，含み益のある固定資産または有価証券を売却する等のタックス・プランニングに基づく一時差異等加減算前課税所得が生じる可能性が高いと見込まれるかどうかを判断します（回収可能性適用指針6(2)）。そして，タックス・プランニングに基づく一時差異等加減算前課税所得の見積額は，将来の一時差異等加減算前課税所得の見積額を構成するため，企業の分類に応じて，図表1-5のように取り扱います（回収可能性適用指針34）。

図表1-5　企業分類別のタックス・プランニングの取扱い

企業分類	タックス・プランニングに基づく一時差異等加減算前課税所得の見積額を，将来の一時差異等加減算前課税所得の見積額に織り込むための条件（各企業分類においてすべて満たす必要がある）	織り込む期間
（分類1）	スケジューリングしないため，織り込む必要がない	―
（分類2） (注1)	①資産の売却等に係る意思決定が，事業計画や方針等で明確となっており，かつ，資産の売却等に経済的合理性があり，実行可能である場合	全期間
	②売却される資産の含み益等に係る金額が，契約等で確定している場合または契約等で確定していない場合でも，例えば，有価証券については期末の時価，不動産	

	については期末前概ね1年以内の不動産鑑定評価額等の公正な評価額によっている場合	
（分類3） (注2)	①将来の合理的な見積可能期間(注4)に資産を売却する等の意思決定が事業計画や方針等で明確となっており，かつ，資産の売却等に経済的合理性があり，実行可能である場合	将来の合理的な見積可能期間(注4)
	②（分類2）の②と同じ場合	
（分類4） (注3)	①資産の売却等に係る意思決定が，適切な権限を有する機関の承認，決裁権限者による決裁または契約等で明確となっており，確実に実行されると見込まれる場合	翌期のみ
	②（分類2）の②と同じ場合	
（分類5）	①（分類4）の①と同じ場合	翌期のみ
	②（分類4）の②と同じ場合	
	③税務上の繰越欠損金を十分に上回るほどの資産の含み益等を有していること	

（注1）（分類4）の要件を満たすが，（分類2）に該当するものとして取り扱われる企業を含む。

（注2）（分類4）の要件を満たすが，（分類3）に該当するものとして取り扱われる企業を含む。

（注3）（分類2）または（分類3）に該当するものとして取り扱われる企業を除く。

（注4）合理的な見積可能期間は概ね5年である。ただし，5年を超える見積可能期間においてスケジューリングされた一時差異等に係る繰延税金資産が回収可能であることを企業が合理的な根拠をもって説明する場合，5年を超える期間となる。

なお，（分類4）の要件を満たすが，（分類3）に該当するものとして取り扱われる企業においては，5年を超えることはできない。

　なお，タックス・プランニングに基づく一時差異等加減算前課税所得の見積額により繰延税金資産の回収可能性を判断する場合，資産の含み益等の実現可能性を考慮します。具体的には，当該資産の売却等に係る意思決定の有無，実行可能性および売却される当該資産の含み益等に係る金額の妥当性を考慮します（回収可能性適用指針33）。

3．将来加算一時差異

　将来減算一時差異の解消見込年度および繰戻・繰越期間に，将来加算一時差異が解消されると見込まれるかどうかを判断します(回収可能性適用指針6(3))。

4．繰延税金資産の回収可能性の判断に関する具体的な手順

　収益力に基づく一時差異等加減算前課税所得，タックス・プランニングに基づく一時差異等加減算前課税所得，将来加算一時差異に基づいて，繰延税金資産の回収可能性を判断する場合，具体的には図表1-6の手順で行います。

図表1-6　回収可能性の判断に関する具体的な手順

(1)　期末における将来減算一時差異の解消見込年度のスケジューリングを行う

(2)　期末における将来加算一時差異の解消見込年度のスケジューリングを行う

(3)　将来減算一時差異の解消見込額と将来加算一時差異の解消見込額とを，解消見込年度ごとに相殺する

(4)　(3)で相殺し切れなかった将来減算一時差異の解消見込額については，解消見込年度を基準として繰戻・繰越期間の将来加算一時差異（(3)で相殺後）の解消見込額と相殺する

(5)　(1)から(4)により相殺し切れなかった将来減算一時差異の解消見込額については，将来の一時差異等加減算前課税所得の見積額（タックス・プランニングに基づく一時差異等加減算前課税所得の見積額を含む）と解消見込年度ごとに相殺する

(6)　(5)で相殺し切れなかった将来減算一時差異の解消見込額については，解消見込年度を基準として繰戻・繰越期間の一時差異等加減算前課税所得の見積額（(5)で相殺後）と相殺する

> (7)　(1)から(6)により相殺し切れなかった将来減算一時差異に係る繰延税金資産の回収可能性はないものとし，繰延税金資産から控除する

　なお，将来加算一時差異が重要でない企業の場合，事業年度ごとに一時差異等加減算前課税所得の見積額および将来加算一時差異の解消見込額を合計して，将来減算一時差異の事業年度ごとの解消見込額と比較し，判断することができる（回収可能性適用指針12）。

5．繰延税金資産の回収可能性の見直し

　繰延税金資産から控除すべき金額は毎期見直し，繰延税金資産の全部または一部が将来の税金負担額を軽減する効果を有さなくなったと判断された場合，計上していた繰延税金資産のうち回収可能性がない金額を取り崩します。また，過年度に繰延税金資産から控除した金額を見直し，将来の税金負担額を軽減する効果を有することとなったと判断された場合，回収が見込まれる金額を繰延税金資産として計上します（回収可能性適用指針8）。

　ここ注意！

　　繰延税金資産の回収可能性の判断は，企業の収益力に基づく将来の利益計画に大きく左右されます。この利益計画には目標値としての意味合いが含まれることが多く，特に，3年先や5年先といった中長期的な利益計画については不確実性が大きくなります。この不確実性を勘案して，利益計画に一定程度の減額修正を行ったものを基に繰延税金資産の回収可能性を判断する実務慣行が見受けられます。

Q1-18　繰延税金資産および負債の計上方法

Q	繰延税金資産および繰延税金負債は，どのように計上すればいいか教えてください。
A	期末における将来減算一時差異および将来加算一時差異について，その回収可能性や支払可能性を検討し，繰延税金資産および繰延税金負債を計上します。 そして，年度の期首における繰延税金資産の額と繰延税金負債の額の差額と期末における当該差額の増減額について，状況に合わせて以下のように処理します。 • 法人税等調整額を相手勘定として計上 • 純資産の部の評価・換算差額等を相手勘定として計上

解説

　貸借対照表上，将来減算一時差異および税務上の繰越欠損金等に対して繰延税金資産が，将来加算一時差異に対して繰延税金負債が計上されます。

　そして，当該繰延税金資産または繰延税金負債が，期間差異に係る調整の場合には，計上された繰延税金資産または繰延税金負債の相手勘定として損益計算書上に法人税等調整額が計上されます。一方，資産または負債の評価替えにより生じた評価差額等を直接純資産の部に計上する場合には，当該評価差額に係る繰延税金資産または繰延税金負債の金額を当該評価差額から控除して計上します。

　実務的には，税効果会計の会計処理は，個々の一時差異等ごとに税効果の仕訳を行うのではなく，一括して仕訳を行います。

　なお，これらの繰延税金資産または繰延税金負債の計上にあたっては，将来の回収可能性または支払可能性を検討し，回収または支払が行われないと見込まれる額を控除したうえで計上することに留意する必要があります。

設例 1-6 繰延税金資産および繰延税金負債の計上

前提条件

(1) 当期首の将来減算一時差異1,000（すべて期間差異），将来加算一時差異1,000（期間差異600，評価差額等400）。

(2) 当期末の将来減算一時差異2,000（すべて期間差異），将来加算一時差異700（期間差異500，評価差額等200）。

(3) 将来減算一時差異および将来加算一時差異に係る繰延税金資産および繰延税金負債はすべて回収可能性または支払可能性あり。

(4) 法定実効税率30%。

一時差異の集計

項　目	当期首	当期末	差額
将来減算一時差異			
期間差異に係るもの（①）	1,000	2,000	
繰延税金資産（②＝①×30%）	300	600	300
評価差額等に係るもの（③）	―	―	
繰延税金資産（④＝③×30%）	―	―	
繰延税金資産合計（⑤＝②＋④）	300	600	300
将来加算一時差異			
期間差異に係るもの（⑥）	600	500	
繰延税金負債（⑦＝⑥×30%）	180	150	△30
評価差額等に係るもの（⑧）	400	200	
繰延税金負債（⑨＝⑧×30%）	120	60	△60
繰延税金負債合計（⑩＝⑦＋⑨）	300	210	△90

（会計処理）

＜期間差異に係るもの＞

| （借） | 繰延税金資産 | 300 | （貸） | 法人税等調整額 | 330 |
| | 繰延税金負債 | 30 | | | |

＜評価差額等に係るもの＞

| （借） | 繰延税金負債 | 60 | （貸） | 評価差額等 | 60 |

Q1-19　税務上の繰越欠損金の取扱い

Q 税務上の繰越欠損金の税効果会計における取扱いについて教えてください。

A 税務上の繰越欠損金は，一時差異ではないものの，将来の課税所得を減少させて税金負担額を軽減できる効果があります。したがって，繰越期間における課税所得を見積り，税金負担額を軽減できると判断した範囲で，繰延税金資産を計上します。

解　説

　税務上，単年度の課税所得がマイナスとなり，税務上の繰越欠損金が生じた場合，次年度以降所定の年数（以下「繰越期間」といいます）を限度としてその期間に発生したプラスの課税所得から所定の金額（以下「控除限度額」といいます）を限度として欠損金を控除することができます。平成28年度税制改正における具体的な控除限度額および繰越期間については，図表1-7および図表1-8をご参照ください。

　税務上の繰越欠損金は，その発生年度の翌年度以降の課税所得から当該欠損金を控除することにより，将来の課税所得を減少させ，それに対応する法人税等として納付すべき金額を減少させる効果を有します。したがって，税務上の繰越欠損金は，一時差異には該当しませんが，将来において課税所得が生じたときに一時差異と同様の効果を有することから，一時差異に準ずるものとして，

繰延税金資産の計上対象となります。

　ただし，繰延税金資産を計上できるのは，税務上の繰越欠損金の繰越期間内において課税所得（繰越欠損金控除前）が発生することが前提となっています。したがって，税務上の繰越欠損金に係る繰延税金資産の計上にあたっては，その回収可能性を慎重に判断することが重要です。とりわけ，期末において重要な税務上の繰越欠損金を計上している会社においては，期末に存在する将来減算一時差異等の解消年度，税務上の繰越欠損金の繰越期間内における課税所得の見積りの妥当性を十分に検討することが必要です。

図表 1 - 7 　　繰越欠損金の事業年度別控除限度額

法人の種類	事業年度	控除限度額
内国法人 （下記を除く）	平成29年 4 月 1 日から平成30年 3 月31日までの間に開始する事業年度	所得の55％
	平成30年 4 月 1 日以後に開始する事業年度	所得の50％
中小法人等 (注1) 再建中の法人 (注2) 新設法人 (注3)	平成29年 4 月 1 日から平成30年 3 月31日までの間に開始する事業年度	所得の全額
	平成30年 4 月 1 日以後に開始する事業年度	

（注 1 ）　中小法人等とは，①普通法人（投資法人，特定目的会社および受託法人を除く）のうち，資本金の額もしくは出資金の額が 1 億円以下であるもの（100％子法人等を除く）または資本もしくは出資を有しないもの，②公益法人等，③協同組合等，④人格のない社団等をいう。
　　　　なお，100％子法人等とは，(1)資本金の額もしくは出資金の額が 5 億円以上の法人または相互会社等（以下，これらを合わせて「大法人」という）による完全支配関係（一の者が法人の発行済株式等の全部を直接または間接に保有する関係をいう）がある普通法人，(2)完全支配関係がある複数の大法人に発行済株式等の全部を保有されている普通法人をいう。
（注 2 ）　再建中の法人とは，①更生手続または再生手続開始の決定があった法人，②再生計画認可の決定があったことに準ずる事実などが生じた法人をいう。
（注 3 ）　新設法人は普通法人に限り，100％子法人等および株式移転完全親法人を除く。

図表1-8　　繰越欠損金の発生年度別繰越期間

欠損金が生じた事業年度	繰越期間
平成30年3月31日以前に開始した事業年度	9年
平成30年4月1日以後に開始する事業年度	10年

Q1-20 繰越外国税額控除の取扱い

Q	繰越外国税額控除の税効果会計における取扱いについて教えてください。
A	繰越外国税額控除は，一時差異ではないものの，将来の税額を控除できる効果があります。したがって，翌期以降に控除余裕額が生じ，繰越外国税額控除が実現できると判断した範囲で，繰延税金資産を計上します。

解 説

　国外源泉所得は，国内源泉所得と合算され，法人税等の課税対象となりますが，一定の算式により計算された金額（以下「控除限度額」といいます）を限度として，実際に納付された外国法人税額を法人税額および住民税額から控除することができます。控除対象となる外国法人税額は，主に在外事業体の支払利子や支払配当（在外子会社からの配当を除きます），使用料に係る外国源泉所得税，在外支店に課された外国法人税です。ある事業年度に支払った外国法人税額が，当該事業年度における控除限度額を超過していれば，当該企業の法人税および住民税の申告上，当該超過額を翌期以降3年以内の期間にわたり繰り越すことができます。この繰り越された外国法人税額を，繰越外国税額といいます。この3年以内の期間に課された控除対象となる外国法人税額が控除限度額に満たない場合，その差額（以下「控除余裕額」といいます）を限度として，繰越外国税額を控除余裕額が生じた事業年度の法人税および住民税から控除することができます。

　繰越外国税額は，当該繰越外国税額が生じた事業年度の翌期以降に生じた控

除余裕額に充当できた事業年度の法人税等として納付すべき額を減額する効果をもたらすため，この効果に対して繰越外国税額が生じた事業年度に繰延税金資産を計上します。

　繰越外国税額控除については，在外支店の税務上の所得の発生が合理的に見込まれる等，国外源泉所得が生じる可能性が高いことにより，翌期以降に控除余裕額が生じることが確実に見込まれる場合，繰越外国税額控除の実現が見込まれる額を繰延税金資産として計上します（回収可能性適用指針47）。すなわち，繰越可能な期間における国外源泉所得が大きいことおよび外国法人税率が国内の法人税および住民税の税率に比べて低いことが控除余裕額を大きくする要因となりますので，例えば，我が国の税率よりも低い外国法人税率が適用される在外支店からの国外源泉所得が大きい場合等が該当します（回収可能性適用指針118）。

Q1-21 スケジューリングの留意点

Q	スケジューリングの方法およびスケジューリングを行う際の留意点を教えてください。
A	当期末において存在している将来減算一時差異が解消する年度を個別に見積り，当該解消年度において税金負担を軽減させる効果が見込まれるかを判断する必要があります。

解　説

1．スケジューリングの手順

　（分類1）以外の分類に該当する企業は，期末における将来減算一時差異等をスケジューリングしてその回収可能性を判断することが，繰延税金資産を計上するための要件となっています。スケジューリングは，図表1-9の手順で実施されます。

図表1-9　スケジューリング手順

(1) 期末における将来減算一時差異等を漏れなく把握する

(2) 企業の実態に即して合理的に将来の一時差異等加減算前課税所得を見積る
（タックス・プランニングに基づく一時差異等加減算前課税所得の見積額を含む）

(3) 期末における将来減算一時差異等が将来のどの年度でいくら解消するかを検討する

(4) (3)で見積った各解消年度の将来減算一時差異等が(2)で見積った当該年度の一時差異等加減算前課税所得の範囲内であれば回収可能と判断し，超過する場合には，税務上の繰越欠損金として翌期以降に繰り越す

(5) (4)で繰越欠損金が生じた場合，繰越期間内で回収可能かを(4)と同様に判断し，最終的に回収可能と判断したもののみを繰延税金資産計上対象とする

2．スケジューリング表の作成

実務的には，図表1-10のようなスケジューリング表を作成して回収可能性を判断します。

【記載上の留意事項】

(1) 将来減算一時差異および繰越欠損金に係る繰延税金資産は，今後5年間の回収見込みを検討しています。

(2) 翌期以降予測される税引前当期純利益および当期末将来減算一時差異の減算（B欄部分）を除く申告調整項目を記載します。

(3) 翌期以降の回収予定の合計が当期末残高となるように記載します。

【数値記入上の留意事項】

A：経営計画等に基づく各年度の予測数値を入れます。

B：当期末残高のうち，各年度での予測減算数値を入れます。各年度の合計
　値は当期末残高となることに留意します。

C：A－Bが各年度の繰越欠損金控除前の回収可能性判断用の課税所得とな
　ります。

D：Cが正の値の場合には繰越欠損金を控除できるので，控除可能限度額を
　基礎として控除可能な数値を入れます。

E：各年度末の繰越欠損金（当年度残高のうち）の未控除残高を入れます。

F：各年度の控除可能な数値を入れます。

【解　説】

X2年度においては，一時差異等加減算前課税所得1,150に対して将来減算一
時差異の解消が1,250見込まれているため，繰越欠損金が100発生します。

X3年度においては，一時差異等加減算前課税所得950に対して将来減算一時
差異の解消が450見込まれているため，課税所得が500発生します。ここで，
X1年度で300，X2年度で100の繰越欠損金が発生しているため，当該課税所得
から控除限度額（ここでは50％としています）の250を控除します。その結果，
繰越欠損金が150残り翌年度にさらに繰り越されます。

X4年度においては，一時差異等加減算前課税所得950に対して将来減算一時
差異の解消が50見込まれているため，課税所得が900発生します。そして，X3
年度から繰り越されてきた繰越欠損金150が当該課税所得から控除されます。

一方，減損損失に係る将来減算一時差異はその解消が見込めないため，スケ
ジューリング不能と判断されています。

したがって，X1年度末において生じている将来減算一時差異3,000と繰越欠
損金300のうち，スケジューリング可能と判断された2,300に係る税金額690に
ついては，繰延税金資産として計上され，スケジューリング不能と判断された
1,000に係る税金額300については，繰延税金資産が計上されません。

図表1-10　スケジューリング表

項　目		当期末	翌期以降の回収可能性 (1)(2)						
			X2年度	X3年度	X4年度	X5年度	X6年度	長期回収	回収不能
一時差異等加減算前課税所得 (2)									
税引前当期純利益			800	850	850	850	850		
交際費加算			80	80	80	80	80		
受取配当金益金不算入	A		△30	△30	△30	△30	△30		
……									
申告調整項目			300	50	50	50	50		
一時差異等加減算前課税所得合計		1,150	950	950	950	950			
将来減算一時差異 (3)									
貸倒引当金		500	△500						
賞与引当金		200	△200						
未払事業税		100	△100						
有価証券評価損	B	800	△400	△400					
減損損失		1,000							△1,000
減価償却超過額		400	△50	△50	△50	△50	△50	△150	
……									
将来減算一時差異合計		3,000	△1,250	△450	△50	△50	△50	△150	△1,000
回収可能額	①	1,900	1,150	450	50	50	50	150	
繰越欠損金発生			100						
差引課税所得	C				500	900	900	900	
回収不能額	③	1,000							1,000
繰越欠損金									
X1年度分		300		△250	△50				
X2年度分			100		△100				
X3年度分	D								
X4年度分									
X5年度分									
未回収残高　E，F		300	400	150					
回収可能額　E，F	②	400		250	150				
回収不能額	④								
【繰延税金資産】									
資産計上	回収可能額　①+②	2,300	1,150	700	200	50	50	150	
	税率（%）		30	30	30	30	30	30	
	繰延税金資産	690	345	210	60	15	15	45	
資産不計上	回収不能額　③+④	1,000							
	税率（%）	30							
	金　額	300							

> **ここ注意！**
>
> （分類2）や（分類3）に該当する企業においては，課税所得の発生が一定程度
> 見込めることから，スケジューリング可能年数における一時差異等加減算前課税
> 所得の総額を上限として，繰延税金資産を計上している実務が見受けられます。
> ただし，年度ごとに適用される税率が異なるような場合，年度ごとの一時差異の
> 解消見込額を慎重に見積る必要があります。

Q1-22 法定実効税率

Q	税効果会計に使用する法定実効税率の計算方法を教えてください。
A	法定実効税率は，以下の式により計算されます。 $$\frac{\text{法人税率} \times (1 + \text{地方法人税率} + \text{住民税率}) + \text{事業税率}}{1 + \text{事業税率}}$$

解 説

　税効果会計基準では，繰延税金資産または繰延税金負債の金額は，回収また
は支払が行われると見込まれる期の税率に基づいて計算するものとされていま
す（税効果会計基準第二 二2）。そして，ここで使用される税率を法定実効税
率といいます。法定実効税率は以下の式により計算されます。

$$\text{法定実効税率} = \frac{\text{法人税率} \times (1 + \text{地方法人税率} + \text{住民税率}) + \text{事業税率}}{1 + \text{事業税率}}$$

　超過税率を考慮した場合は，以下の式により計算されます。

$$\text{法定実効税率} = \frac{\begin{array}{c}\text{法人税率} \times (1 + \text{地方法人税率} + \text{住民税率（法人割）（超過）})\\ + \text{事業税率（所得割）（超過）}\end{array}}{1 + \text{事業税率（所得割）（超過）}}$$

　法人税および地方法人税について，繰延税金資産および繰延税金負債の計算

に用いる税率は，決算日において国会で成立している税法（法人税および地方法人税の税率が規定されているもの（以下「法人税法等」といいます））に規定されている税率によります。なお，決算日において国会で成立している法人税法等とは，決算日以前に成立した法人税法等を改正するための法律を反映した後の法人税法等をいいます。

　また，住民税（法人税割）および事業税（所得割）（以下，合わせて「住民税等」といいます）について，繰延税金資産および繰延税金負債の計算に用いる税率は，決算日において国会で成立している税法（住民税等の税率が規定されているもの（以下「地方税法等」といいます））に基づく税率によります。なお，決算日において国会で成立している地方税法等とは，決算日以前に成立した地方税法等を改正するための法律を反映した後の地方税法等をいいます。

設例1-7　法定実効税率の算定

前提条件

(1)　法人税率：23.2%

(2)　地方法人税率：10.3%

(3)　住民税率（法人税割）超過税率：10.4%

(4)　事業税率（所得割）超過税率：3.78%

法定実効税率の算定

$$法定実効税率30.62\% = \frac{法人税率23.2\% \times (1 + 地方法人税率10.3\% + 住民税率（法人税割）10.4\%) + 事業税率（所得割）3.78\%}{1 + 事業税率（所得割）3.78\%}$$

Q1-23 税制改正が税効果に与える影響

Q 税制改正が税効果に与える影響について教えてください。

A 税制改正により将来の税法または税率が変更になった場合に，その税制改正の国会での成立が，決算日までと決算日後で税効果に与える影響が変わってきます。

解 説

Q1-22にあるとおり，法人税，地方法人税および地方法人特別税について，繰延税金資産および繰延税金負債の計算に用いる税率は，決算日において国会で成立している法人税法等に規定されている税率によりますので，税制改正が決算日までに国会で成立した場合と，決算日後に国会で成立した場合で税効果に与える影響が変わってきます。

1. 税制改正が決算日までに国会で成立した場合

税率の変更が含まれた税制改正が，決算日までに国会で成立され，将来適用される税率が法人税法等に規定されている場合には，改正後の税率を用いることになります（税効果会計適用指針46，47）。

税率変更があった場合には，当期首における繰延税金資産および繰延税金負債を新たな税率により再計算することになります（税効果会計基準注解（注6））。

具体的には，以下の(1)，(2)の場合を除き，当該修正差額を当該税率が変更された年度において，法人税等調整額を相手勘定として計上します（税効果会計適用指針51）。

(1) 資産または負債の評価替えにより生じた評価差額等を直接純資産の部に計上する場合

当該評価差額等に係る一時差異に関する繰延税金資産および繰延税金負債の差額について，税率が変更されたことによる修正差額を，当該税率が変更された年度において，純資産の部の評価・換算差額等を相手勘定として計上

します。

(2)　資産または負債の評価替えにより生じた評価差額等をその他の包括利益
　　で認識した上で純資産の部のその他の包括利益累計額に計上する場合

　　当該評価差額等に係る一時差異に関する繰延税金資産および繰延税金負債
の差額について，税率が変更されたことによる修正差額を，当該税率が変更
された年度において，その他の包括利益を相手勘定として計上します。

2．税制改正が決算日後に国会で成立した場合

　決算日後に税率の変更が含まれた税制改正が国会で成立した場合には，税効
果会計に関する注記において，その内容およびその影響を注記するものとされ
ています（税効果会計基準第四4，連規15の5Ⅰ④，財規8の12Ⅰ④）。

> **ここ注意！**
>
> 　連結財務諸表については，連結財務諸表提出会社のみならず，連結子会社にお
> ける税率の変更（決算日後を含みます）も注記の対象となることに注意が必要で
> す（Q5-2参照）。

Q1-24　会計方針の変更，過去の誤謬の修正

Q	会計方針の変更に伴う遡及適用や，過去の誤謬の修正再表示が行われた場合の税効果会計上の取扱いを教えてください。
A	会計方針の変更に伴う遡及適用や，過去の誤謬の修正再表示により過年度の資産および負債の額が修正され，当該修正差額が一時差異に該当する場合には，税効果会計が適用されます。

解　説

　会計方針の変更に伴う遡及適用や，過去の誤謬の修正再表示により過年度の
資産および負債の額が修正された場合に，遡及適用または修正再表示した年度

の比較情報には，当該影響額を反映することになるため（過年度遡及会計基準7⑵および21⑵），過年度にすでに開示された財務諸表と異なる資産または負債の金額が当期の財務諸表の比較情報として表示されることがあります。

　これらの遡及適用および修正再表示に係る税効果会計上の取扱いについては，遡及適用と修正再表示のそれぞれに分けて，以下のようになるものと考えられます。

1．会計方針の変更に伴う遡及適用に係る税効果会計

　会計方針の変更により遡及適用した年度の比較情報には，当該影響額が反映されます。遡及適用による会計上の資産または負債の額の変更に対して，課税所得計算上の資産または負債の金額は修正されず，当該差額は通常一時差異に該当するため，遡及適用した年度の比較情報において，税効果会計を適用する必要があると考えられます。したがって，会計方針の変更により遡及適用した年度の比較情報において，資産または負債の額が変更される場合であって，当該変更に伴い一時差異が生じるときは，当該一時差異に係る繰延税金資産または繰延税金負債の額を遡及適用した年度の比較情報に反映させます（税効果会計適用指針57）。

　また，子会社等が会計方針を変更し当該会社の留保利益が変更されることにより，遡及適用した年度の比較情報において，子会社等に対する投資に係る連結財務諸表固有の一時差異の額が変更される場合で，当該一時差異に係る繰延税金資産または繰延税金負債を計上しているときは，当該一時差異の額の変更に係る繰延税金資産または繰延税金負債の額を遡及適用した年度の比較情報に反映させることになります（税効果会計適用指針58）。

　なお，遡及適用における過去の時点での回収可能性の判断は，過去の時点で最善の見積りを行ったものです。また，本質的な将来の会社の収益力は，会計方針の変更によって変わるものではありません。

　したがって，遡及適用に伴い将来の利益の額が変更されることに対応して，繰延税金資産の回収可能性の判断における将来の一時差異等加減算前課税所得の見積額が変更される場合，会計方針の変更を行った年度以降において，変更後の将来の一時差異等加減算前課税所得を前提として，繰延税金資産の回収可

能性を判断します。また，遡及適用により過年度において回収可能性適用指針
に従って判断した企業の分類（Q1-7参照）を見直す場合，当該見直しに伴
う影響は，会計方針の変更を行った年度の財務諸表に反映させます（税効果会
計適用指針59）。

2．修正再表示に係る税効果会計

　過去の誤謬により修正再表示した年度の比較情報には，当該影響額が反映さ
れます。修正再表示による会計上の資産または負債の額の修正に対して，課税
所得計算上の資産または負債の金額が修正されず，当該差額は通常一時差異に
該当するため，修正再表示した年度の比較情報において，税効果会計を適用す
る必要があると考えられます。したがって，過去の誤謬により修正再表示した
年度の比較情報において，資産または負債の額が変更され，これに伴い一時差
異が生じるときは，当該一時差異に係る繰延税金資産または繰延税金負債の額
を修正再表示した年度の比較情報に反映させます（税効果会計適用指針60）。

　また，子会社等において過去の誤謬により当該会社の留保利益が変更され修
正再表示が行われた場合で，かつ，当該修正再表示した年度の比較情報におい
て子会社等に対する投資に係る連結財務諸表固有の一時差異の額が変更される
場合，当該一時差異に係る繰延税金資産または繰延税金負債を計上していると
きは，当該一時差異の額の変更に係る繰延税金資産または繰延税金負債の額を
修正再表示した年度の比較情報に反映させます（税効果会計適用指針61）。

　なお，修正再表示した年度の比較情報における将来の一時差異等加減算前課
税所得の見積額や過年度において回収可能性適用指針に従って判断した企業の
分類（Q1-7参照）を見直す場合，当該見直しに伴う影響は，前述の遡及適
用する場合と異なり，当該修正再表示した年度の比較情報に反映させます（税
効果会計適用指針62）。

Q1-25 修正申告，更正決定

Q	修正申告または更正決定等があった場合の税効果会計上の取扱いを教えてください。
A	修正申告または更正決定等があった場合，一時差異に関しては，修正申告書の作成または更正決定等により追徴税額または還付税額が発生し，結果的に繰延税金資産または繰延税金負債の金額に影響を与える場合は，その影響額を法人税等の追徴税額および還付税額を損益計算書に計上した年度の法人税等調整額に含めて処理します。

解 説

　修正申告または更正決定等があった場合，追徴税額または還付税額が発生し，結果的に繰延税金資産または繰延税金負債の金額に影響を与える場合が考えられます。

　このような場合の影響額は，法人税等の追徴税額および還付税額を損益計算書に計上した年度の法人税等調整額に含めて処理することとされています（税効果会計適用指針154）。これは，税効果会計の方法として資産負債法を採用しているため，損益計算書上の区分に関して厳密な方法が求められていないためと考えられます。

　以下，設例を用いて説明します。

設例 1 - 8　修正申告または更正決定等があった場合の処理

（前提条件）

　X1年度に，追徴税額50（うち過年度に発生した減価償却費の損金否認（一時差異）30）が発生した。税引前当期純利益は2,000，法人税，住民税及び事業税は800，法定実効税率は30％とする。また，これ以外での法人税等調整額の発生はなく，さらに繰延税金資産の回収可能性を検討した結果，繰延税金資産全額が回収可能であると判定されている。

（会計処理）

＜X1年度の期末仕訳＞

（借）	法人税, 住民税及び事業税	800	（貸）	未払法人税等	800
	法人税等追徴税額	50		未払法人税等	50
	繰延税金資産	9		法人税等調整額	9

減価償却費の損金否認30×30％＝9

【X1年度の損益計算書の末尾】

税引前当期純利益		2,000
法人税, 住民税及び事業税	800	
法人税等追徴税額	50	
法人税等調整額	△9	841
当期純利益		1,159

Q1-26　修正後発事象

Q	修正後発事象が生じた場合の税効果会計上の取扱いを教えてください。
A	修正後発事象が生じ, 一時差異が修正された場合には, それに伴い繰延税金資産または繰延税金負債の金額を修正することになります。

解説

　後発事象とは, 決算日後に発生した会社の財政状態, 経営成績およびキャッシュ・フローの状況に影響を及ぼす会計事象をいいます。

　そのうち, 修正後発事象とは, その実質的な原因が決算日現在においてすでに存在するものになります（後発事象に関する監査上の取扱い（監査・保証実務委員会報告第76号2, 3））。

　修正後発事象が生じた場合には, 期末の財務諸表を修正しなければなりません。したがって, 修正後発事象により, 期末日における一時差異が修正された

場合には，その一時差異に対する繰延税金資産または繰延税金負債の計上を検討する必要があります。

　例えば，決算日後，得意先が倒産したことにより，決算日時点の売掛債権の回収が困難になり，修正後発事象として追加で貸倒引当金を計上する場合があります。このケースで追加で計上した貸倒引当金が税務上，損金に算入されない場合には，貸倒引当金に関する将来減算一時差異が変動するため，これに対する繰延税金資産の回収可能性などを検討する必要があります。

第2章

個別財務諸表における
税効果会計の個別論点

Point

- その他有価証券の評価差額に係る一時差異は，原則として，個々の銘柄ごとにスケジューリングを行います。ただし，個々の銘柄ごとではなく，一括して繰延税金資産または繰延税金負債を計上することができます。
- 退職給付引当金や建物の減価償却超過額に係る将来減算一時差異のように，スケジューリングの結果，その解消見込年度が長期にわたる将来減算一時差異は，企業分類に応じて特別な取扱いが定められています。

Q2-1 有価証券の取扱い

Q	有価証券の取扱いについて教えてください。
A	有価証券については，一時差異が生じやすい項目です。発生した一時差異について，企業分類に応じてスケジューリングを行いますが，その他有価証券では特別な取扱いが定められています。

解 説

　有価証券は，その保有目的により4つの区分に分類されます。有価証券のうち，その他有価証券は，その評価において会計と税務で差異が生じやすい資産です。例えば，会計上は評価損を計上して資産の額を減額すべき場合であっても，税務上は損金算入が認められずに資産の額が減額されないことがあり，企業会計上の資産の額と課税所得計算上の資産の額の相違となり，一時差異が生じます。当該差異は，企業分類に応じてスケジューリングを行いますが，その他有価証券では特別な取扱いが定められていることに留意が必要です。

1．有価証券に係る一時差異

　有価証券は，その保有目的により，売買目的有価証券，満期保有目的の債券，子会社株式および関連会社株式，その他有価証券に区分します。そして，それぞれの区分に応じて，貸借対照表価額，評価差額等の処理が会計基準において定められています（金融商品会計実務指針59）。このうち，その他有価証券について，会計上は，時価をもって貸借対照表価額とすることとされます。ただし，市場価格のない株式等は取得原価をもって貸借対照表価額とするとされています（金融商品会計基準19）。一方，税務上は取得原価（時価の著しい下落に伴い，帳簿価額を時価まで評価替えした場合における当該評価額を含みます）で処理することとされます。このため，会計と税務で資産の額に差異が生じますが，当該差異は有価証券の売却などにより将来解消するものであることから，一時差異といえます。なお，外貨建有価証券の換算差額に関しても，その保有目的および税務上の換算方法の選択に応じて一時差異が生じる場合があ

りますので，留意が必要です。

2．スケジューリングの考え方
⑴　その他有価証券に係る一時差異のスケジューリング

　その他有価証券の評価差額に係る一時差異は，原則として，個々の銘柄ごとにスケジューリングを行い，評価差損に係る将来減算一時差異については当該スケジューリングの結果に基づき回収可能性を判断したうえで繰延税金資産を計上し，評価差益に係る将来加算一時差異については繰延税金負債を計上します。ただし，個々の銘柄ごとではなく，一括して繰延税金資産または繰延税金負債を計上することができます（回収可能性適用指針38）。

　一括してその他有価証券に係る一時差異のスケジューリングを行う場合の税効果会計の適用方法は図表2-1のとおりです。

図表2-1　一括してその他有価証券に係る一時差異のスケジューリングを行う場合の税効果会計の適用方法

スケジューリング	評価差額	税効果会計の適用方法
可能	評価差損の銘柄ごとの評価差損合計額	スケジューリングの結果に基づき回収可能性を判断した上で繰延税金資産を計上
	評価差益の銘柄ごとの評価差益合計額	繰延税金負債を計上
不能	銘柄ごとの合計額が純額で評価差益	繰延税金負債を計上（当該評価差益に係る将来加算一時差異は，繰延税金資産の回収可能性の判断にあたっては，その他有価証券の評価差額に係る将来減算一時差異以外の将来減算一時差異とは相殺不可）
	銘柄ごとの合計額が純額で評価差損	原則として，繰延税金資産の回収可能性なし（ただし，企業分類に応じて，特別な取扱いの適用が可能（⑶参照））

　なお，減損処理したその他有価証券に関して，期末における時価が減損処理の直前の取得原価に回復するまでは，減損処理後の時価の上昇に伴い発生する

評価差益は将来加算一時差異ではなく減損処理により生じた将来減算一時差異の戻入れとなります。このため，原則どおり，個々の銘柄ごとにスケジューリングを行い，当該その他有価証券に係る将来減算一時差異については当該スケジューリングの結果に基づき回収可能性を判断したうえで，繰延税金資産を計上します（回収可能性適用指針38）。

⑵　スケジューリング可能な一時差異

その他有価証券の評価差額に係る一時差異がスケジューリング可能な一時差異である場合は，当該評価差額を評価差損が生じている銘柄と評価差益が生じている銘柄とに区分し，評価差損の銘柄ごとの合計額に係る将来減算一時差異についてはスケジューリングの結果に基づき回収可能性を判断した上で繰延税金資産を計上し，評価差益の銘柄ごとの合計額に係る将来加算一時差異については繰延税金負債を計上します（回収可能性適用指針38⑴）。

その他有価証券は，その多様な性格に鑑み保有目的等を識別・細分化する客観的な基準を設けることが困難であるとともに，保有目的等自体も多義的であり，かつ変遷していく面があること等から，一括して捉えたうえで，時価をもって貸借対照表価額とすることとされています。このため，当該評価差額に関する税効果会計の適用に関しても一括して会計処理することが認められています。

⑶　スケジューリング不能な一時差異

その他有価証券の評価差額に係る一時差異がスケジューリング不能な一時差異である場合は，評価差損の銘柄ごとの合計額と評価差益の銘柄ごとの合計額を相殺した後の純額の評価差損に係る将来減算一時差異または評価差益に係る将来加算一時差異について，繰延税金資産または繰延税金負債を計上します（回収可能性適用指針38⑵）。

具体的には，以下のとおりです（回収可能性適用指針39）。

①　純額で評価差益の場合

その他有価証券の純額の評価差益に係る将来加算一時差異については繰延税

金負債を計上します。なお，当該評価差益に係る将来加算一時差異はスケジューリング不能な将来加算一時差異であるため，繰延税金資産の回収可能性の判断にあたっては，その他有価証券の評価差額に係る将来減算一時差異以外の将来減算一時差異とは相殺できません。

②　純額で評価差損の場合

その他有価証券の純額の評価差損に係る将来減算一時差異はスケジューリング不能な将来減算一時差異であるため，原則として，当該将来減算一時差異に係る繰延税金資産の回収可能性はないものとされます。ただし，通常，その他有価証券は随時売却が可能であり，また，長期的には売却されることが想定される有価証券であることを考慮し，純額の評価差損に係る繰延税金資産については，企業分類に応じて，以下のように取り扱うことができます。

---

① （分類1）に該当する企業および（分類2）に該当する企業（（分類4）の要件を満たしても，最終的に（分類2）に該当するものとして取り扱われる企業を含む）
➡純額の評価差損に係る繰延税金資産の回収可能性があるものとする。
② （分類3）に該当する企業（（分類4）の要件を満たしても，最終的に（分類3）に該当するものとして取り扱われる企業を含む）
➡将来の合理的な見積可能期間（※）の一時差異等加減算前課税所得の見積額にスケジューリング可能な一時差異の解消額を加減した額に基づき，純額の評価差損に係る繰延税金資産を見積る場合，当該繰延税金資産の回収可能性があるものとする。
（※）　以下の(a)または(b)
(a)　概ね5年
(b)　合理的に説明可能な企業は，5年を超える期間
　　［考慮すべき内容の例示］
　　　●臨時原因を除いた課税所得が大きく増減している原因
　　　●中長期計画
　　　●過去における中長期計画の達成状況
　　　●過去（3年）および当期の課税所得の推移
　　ただし，（分類4）の要件を満たしても，最終的に（分類3）に該当するものとして取り扱われる企業は，(b)の取扱いが認められない。

スケジューリング不能なその他有価証券の評価差額に係る一時差異について，

当該一時差異はスケジューリング不能であるため，その他有価証券の売却損益計上予定額を将来の一時差異等加減算前課税所得の見積額（タックス・プランニングに基づく一時差異等加減算前課税所得の見積額を含みます）に含めることはできません（回収可能性適用指針40）。

なお，部分純資産直入法を採用している場合のその他有価証券の評価差額に係る一時差異については，以上の内容に準じて処理します（回収可能性適用指針41）。

(4) 外貨建その他有価証券の為替換算差額

外貨建その他有価証券の為替換算差額は，原則として，金融商品会計基準第18項の評価差額に関する処理方法に従うものとされています（企業会計審議会「外貨建取引等会計処理基準」一2(2)）。しかしながら，時価を把握することが極めて困難と認められる外貨建その他有価証券の為替換算差額のうち一時差異となるものについては，時価のあるその他有価証券に係る金融商品会計基準の時価評価とはその性格が異なるため，(2)および(3)に記載した定めを適用しません（回収可能性適用指針42）。

(5) 子会社株式等に係る将来加算一時差異

個別財務諸表における繰延税金負債は，将来の会計期間における将来加算一時差異の解消に係る増額税金の見積額について，以下の場合を除き，計上するものとされます（税効果会計適用指針8(2)）。

> ① 企業が清算するまでに課税所得が生じないことが合理的に見込まれる場合
> ② 子会社株式等（事業分離に伴い分離元企業が受け取った子会社株式等を除く）に係る将来加算一時差異について，親会社または投資会社がその投資の売却等を当該会社自身で決めることができ，かつ，予測可能な将来の期間に，その売却等を行う意思がない場合

従来は，このような場合であっても繰延税金負債を計上するものとされていました。当該取扱いの変更は，税効果会計適用指針で新たに定められたものであるため，留意する必要があります。

3．設　例

　その他有価証券の評価差額に係る税効果会計の適用について，設例により説明します。法定実効税率が30％であることを前提とします。

　その他有価証券評価差額に係る税効果会計の適用の方法に関して，全体として評価益の場合（設例2-1），および全体として評価損の場合（設例2-2）のそれぞれについて検討します。

設例2-1　その他有価証券評価差額に係る税効果（全体として評価益の場合）

（前提条件）

　保有有価証券の簿価と時価との関係は以下のようであった。

銘　柄	簿　価	時　価	評価損（△）益
A株式	200	400	200
B株式	300	200	△100
合計	500	600	100

（会計処理）

1．評価差額をスケジューリング可能として総額で取り扱う場合

　(a)　繰延税金資産が回収可能性ありと判断される場合

＜A株式に係る時価評価＞

（借）　投資有価証券 （ A 株 式 ）	200	（貸）　その他有価証券 評 価 差 額 金	140
		繰 延 税 金 負 債	60

繰延税金負債：評価差益200×30％＝60

＜B株式に係る時価評価＞

（借）　その他有価証券 評 価 差 額 金	70	（貸）　投 資 有 価 証 券 （ B 株 式 ）	100
繰 延 税 金 資 産	30		

繰延税金資産：評価差損100×30％＝30

(b) 繰延税金資産が回収可能性なしと判断される場合

＜A株式に係る時価評価＞

（借） 投資有価証券 （ A 株 式 ）	200	（貸） その他有価証券 評 価 差 額 金 繰 延 税 金 負 債	140 60

繰延税金負債：評価差益200×30％＝60

＜B株式に係る時価評価＞

（借） その他有価証券 評 価 差 額 金	100	（貸） 投 資 有 価 証 券 （ B 株 式 ）	100

繰延税金資産：回収可能性がないため計上なし

２．評価差額をスケジューリング不能として純額で取り扱う場合

＜その他有価証券に係る時価評価＞

（借） 投 資 有 価 証 券	100	（貸） その他有価証券 評 価 差 額 金 繰 延 税 金 負 債	70 30

繰延税金負債：評価差益100×30％＝30

設例2-2 その他有価証券評価差額に係る税効果（全体として評価損の場合）

（前提条件）

保有有価証券の簿価と時価との関係は以下のようであった。

銘　柄	簿　価	時　価	評価損（△）益
A株式	200	300	100
B株式	500	300	△200
合計	700	600	△100

⟨会計処理⟩

1．評価差額をスケジューリング可能として総額で取り扱う場合

(a)　繰延税金資産が回収可能性ありと判断される場合

＜A株式に係る時価評価＞

（借）　投資有価証券	100	（貸）　その他有価証券	70
（　A　株　式　）		評 価 差 額 金	
		繰 延 税 金 負 債	30

繰延税金負債：評価差益100×30％＝30

＜B株式に係る時価評価＞

（借）　その他有価証券	140	（貸）　投資有価証券	200
評 価 差 額 金		（　B　株　式　）	
繰 延 税 金 資 産	60		

繰延税金資産：評価差損200×30％＝60

(b)　繰延税金資産が回収可能性なしと判断される場合

＜A株式に係る時価評価＞

（借）　投資有価証券	100	（貸）　その他有価証券	70
（　A　株　式　）		評 価 差 額 金	
		繰 延 税 金 負 債	30

繰延税金負債：評価差益100×30％＝30

＜B株式に係る時価評価＞

（借）　その他有価証券	200	（貸）　投資有価証券	200
評 価 差 額 金		（　B　株　式　）	

繰延税金資産：回収可能性がないため計上なし

2．評価差額をスケジューリング不能として純額で取り扱う場合

(a)　繰延税金資産が回収可能性ありと判断される場合

＜その他有価証券に係る時価評価＞

（借）　その他有価証券	70	（貸）　投資有価証券	100
評 価 差 額 金			
繰 延 税 金 資 産	30		

繰延税金資産：評価差損100×30％＝30

(b) 繰延税金資産が回収可能性なしと判断される場合

＜その他有価証券に係る時価評価＞

（借） その他有価証券 　　　評価差額金	100	（貸） 投資有価証券	100

繰延税金資産：回収可能性がないため計上なし

ここ注意！

　有価証券の評価差額に係る一時差異のスケジューリング実施について，その他有価証券に関しては，その特殊な性質から，原則的な取扱いと例外的な取扱いが定められています。また，「『税効果会計に係る会計基準』の一部改正」において，子会社株式等に係る将来加算一時差異の取扱いが見直されていることに注意が必要です。

Q2-2　過去に減損処理を行った有価証券の取扱い

Q	その他有価証券を過去に減損処理した場合に，その後の評価差額の税効果会計上の取扱いを教えてください。
A	その他有価証券を過去に減損処理して一時差異が発生した場合には，その後の評価差額の税効果会計の適用において，個別にスケジューリングを行います。

解説

　その他有価証券を会計上で減損処理した場合に，当該処理が税務上の損金算入要件を満たさないとすると一時差異となります。その後，時価のある有価証券の時価の変動や減損処理に関する一時差異の回収可能性の変化に伴い，税効果会計における対応が必要となります。

1．過年度に減損処理を行ったその他有価証券に係る一時差異

　その他有価証券については，会計上は，以下のように減損処理を行います（金融商品会計実務指針91，92）。一方，当該処理が税務上の損金算入要件を満たさないとすると一時差異となります。

> 　時価のある有価証券については，時価が著しく下落したときは，回復する見込みがあると認められる場合を除き，当該時価をもって貸借対照表価額とし，減損処理しなければならない。なお，その他有価証券については，減損処理の基礎となった時価により帳簿価額を付け替えて取得原価を修正し，以後，当該修正後の取得原価と毎期末の時価とを比較して評価差額を算定する。
> 　市場価格のない株式等については，取得原価をもって貸借対照表価額とするとされているが，当該株式の発行会社の財政状態の悪化により実質価額が著しく低下したときは，相当の減額を行い，減損処理しなければならない。

2．スケジューリングの考え方

　その他有価証券の減損処理に係る一時差異は，Ｑ2-1に記載の原則どおり，個々の銘柄ごとにスケジューリングを行い，当該スケジューリングの結果に基づき回収可能性を判断した上で繰延税金資産を計上します。

3．設　例

　過去に減損処理を行ったその他有価証券に係る税効果会計の適用について，設例により説明します。

　過年度に有税で減損処理したその他有価証券の時価が上昇し，その他有価証券評価差額金（評価差益）が発生した場合の税効果会計上の取扱いは以下のようになります。

設例2-3　過去に減損処理を行ったその他有価証券（当期末の時価＜税務上の簿価（＝減損前の金額）の場合）

（前提条件）
- 前期末において，帳簿価額1,000のその他有価証券（投資有価証券）が時価400に下落したため，600の減損処理を行った。

- 当期末において，当該その他有価証券の時価が600に上昇したため，会計上200の評価差益が発生した。
- 法定実効税率は30％である。

(会計処理)

　一時差異とは貸借対照表に計上されている資産および負債の金額と課税所得計算上の資産および負債の金額との差額になります。したがって，税効果会計の適用にあたって，当期末の時価と比較すべきは，税務上の簿価1,000であるということがポイントです。すなわち，当期末の時価上昇に伴う会計上の簿価の上昇は，前期末の減損処理によって生じた将来減算一時差異の戻入れであり，将来加算一時差異の発生ではないという点が重要となります。

1．投資有価証券の減損処理に関して，前期に繰延税金資産を計上しており，当期も繰延税金資産の回収可能性の判断に変化がない場合

　前期において，減損処理額600に対して計上していた繰延税金資産180について，その他有価証券の評価差益200の発生により繰延税金資産60を取り崩します。

　(a)　前期末

| (借)　投資有価証券評価損 | 600 | (貸)　投資有価証券 | 600 |
| 　　　繰延税金資産 | 180 | 　　　法人税等調整額 | 180 |

繰延税金資産：評価差損600×30％＝180

　(b)　当期末

| (借)　投資有価証券 | 200 | (貸)　その他有価証券評価差額金 | 140 |
| | | 　　　繰延税金資産 | 60 |

繰延税金資産（戻入れ）：評価差益200×30％＝60

2．投資有価証券の減損処理に関して，前期に繰延税金資産を計上しておらず，当期も繰延税金資産の回収可能性の判断に変化がない場合

　減損処理によって生じた将来減算一時差異は，前期申告加算を行った600であることから，その税効果の金額が180であることには変わりはありません。しかし，当期においても減損処理による将来減算一時差異に係る繰延税金資産の回収可能性

がないと判断している場合には，繰延税金資産を計上することはできません。

　一方，その他有価証券の評価差益200が発生していますが，取り崩すべき繰延税金資産が存在しないため，税効果に係る会計処理は不要です。

(a)　前期末

| (借)　投資有価証券評価損 | 600 | (貸)　投資有価証券 | 600 |

繰延税金資産：回収可能性がないため計上なし

(b)　当期末

| (借)　投資有価証券 | 200 | (貸)　その他有価証券
　　　評価差額金 | 200 |

繰延税金資産：引き続き回収可能性がないため計上なし

　今度は，前提条件を変更し，当期の時価が税務上の簿価（前期に減損処理する前の会計上の簿価）よりも上昇した場合はどうなるのか検討します。

設例2-4　**過去に減損処理を行ったその他有価証券（当期末の時価≧税務上の簿価（＝減損前の金額）の場合）**

(前提条件)

- 前期末において，帳簿価額1,000のその他有価証券（投資有価証券）が時価400に下落したため，600の減損処理を行った。
- 当期末において，当該その他有価証券の時価が1,300に上昇したため，会計上900の評価差益が発生した。
- 法定実効税率は30％である。

(会計処理)

　ここでも，税効果会計の適用にあたって，当期末の時価と比較すべきは，税務上の簿価1,000であるということがポイントです。

　当期末の時価が税務上の簿価1,000まで回復したことによる会計処理と，当期末の時価が税務上の簿価1,000を超えてさらに1,300まで上昇したことによる会計処理に分けて考えます。

1．投資有価証券の減損処理に関して，前期に繰延税金資産を計上していた場合

(a)　前期末

| (借) | 投資有価証券評価損 | 600 | (貸) | 投資有価証券 | 600 |
| | 繰延税金資産 | 180 | | 法人税等調整額 | 180 |

繰延税金資産：評価差損600×30％＝180

(b)　当期末

① 時価が税務上の簿価1,000まで回復したことによる会計処理

前期において，減損処理額600に対して計上していた繰延税金資産180について，その他有価証券の評価差益600の発生により繰延税金資産180を取り崩します。

| (借) | 投資有価証券 | 600 | (貸) | その他有価証券評価差額金 | 420 |
| | | | | 繰延税金資産 | 180 |

繰延税金資産（戻入れ）：評価差益（900のうち）600×30％＝180

② 時価が税務上の簿価1,000よりも上昇して1,300になったことによる会計処理

税務上の簿価1,000との差額であるその他有価証券の評価差益300の発生については，税務上の簿価と当期末の会計上の簿価（＝当期の時価）の間で差異が生じているので，繰延税金負債を計上します。

なお，ここでは，回収可能性の判断および税務処理に前期から変更がないことを前提とします。

| (借) | 投資有価証券 | 300 | (貸) | その他有価証券評価差額金 | 210 |
| | | | | 繰延税金負債 | 90 |

繰延税金負債：評価差益（900のうち）300×30％＝90

2．投資有価証券の減損処理に関して，前期に繰延税金資産を計上しておらず，当期末も繰延税金資産を計上できないと判断した場合

(a)　前期末

| (借) | 投資有価証券評価損 | 600 | (貸) | 投資有価証券 | 600 |

繰延税金資産：回収可能性がないため計上なし

(b)　当期末

①　時価が税務上の簿価1,000まで回復したことによる会計処理

時価が税務上の簿価1,000まで回復することによってその他有価証券の評価差益600が発生していますが，前期に減損処理に係る繰延税金資産を計上していないため，取り崩すべき繰延税金資産が存在しないため，時価が税務上の簿価1,000まで回復したことによる税効果の会計処理は不要となります。

(借)　投 資 有 価 証 券	600	(貸)　その他有価証券評 価 差 額 金	600

繰延税金資産：評価差益900のうち600は，取り崩すべき繰延税金資産が存在しないため，計上なし

②　時価が税務上の簿価1,000よりも上昇して1,300になったことによる会計処理

ただし，当期末の時価が税務上の簿価1,000を超えて1,300まで上昇したことについては，税務上の簿価と当期末の時価で差異が生じているので，税務上の簿価と当期末の時価との差額300に対して，原則として繰延税金負債を計上します。

(借)　投 資 有 価 証 券	300	(貸)　その他有価証券評 価 差 額 金	210
		繰 延 税 金 負 債	90

繰延税金負債：評価差益（900のうち）300×30％＝90

Q2-3　貸倒引当金の取扱い

Q	貸倒引当金の取扱いについて教えてください。
A	貸倒引当金は将来減算一時差異に該当し，その解消時期を見積ります。ただし，過去の税務上の損金の算入実績に将来の合理的な予測を加味した方法等によりスケジューリングが行われている限り，スケジューリング不能な一時差異とは取り扱いません。

解 説

貸倒引当金は，債権の貸倒れによる将来の損失に備えるために，その回収可

能性を勘案し，回収不能見込額を見積ったものです。会計上は合理的な見積り
が求められますが，税務上は中小企業等の一定の企業を除き，引当金の計上が
認められなくなりました。

1．貸倒引当金に係る一時差異

　会計上は，一般債権については，債権全体または同種・同類の債権ごとに，
貸倒実績率等合理的な基準により貸倒見積高を算定します（貸倒実績率法）
（金融商品会計実務指針110）。また，債務者がすでに経営破綻等に陥っている
ような破産更生債権等については，個々の債権ごとに担保等により回収できな
い部分を貸倒見積高とします（財務内容評価法）（金融商品会計実務指針117）。
さらに，貸倒懸念債権については，一般債権と破産更生債権等の中間に位置す
ることから，財務内容評価法のほか，元利金の将来のキャッシュ・フローを見
積ることが可能な場合，元利金のキャッシュ・フローの予想額を当初の約定利
子率で割り引いた金額の総額と当該債権の帳簿価額の差額を貸倒見積高とする
方法もあります（キャッシュ・フロー見積法）（金融商品会計実務指針113）。

　税務上は，債権を個別評価金銭債権と一括評価金銭債権に区分して，貸倒引
当金の繰入限度額を定めています。しかし，中小企業等の一定の会社を除き，
貸倒引当金の計上が認められなくなりました。

　以上の会計と税務の取扱いの違いから生じる差異は，対象債権の譲渡や債権
放棄等によって税務上の損金算入要件を満たしたときに解消するため，一時差
異となり，税効果会計の対象となります。

2．スケジューリングの考え方

　貸倒引当金は，将来発生が見込まれる損失を見積ったものですが，その損失
の発生時期を個別に特定し，スケジューリングすることは実務上困難なことが
あります。しかし，過去の税務上の損金の算入実績に将来の合理的な予測を加
味した方法等によりスケジューリングが行われている限り，スケジューリング
不能な一時差異としては取り扱いません（回収可能性適用指針13）。

Q2-4 固定資産の減価償却費の取扱い

Q	固定資産の減価償却費の取扱いについて教えてください。
A	固定資産の減価償却費は，会計と税務で必ずしも一致せず，減価償却計算の結果として一時差異が生じることがあります。当該差異の解消時期に関するスケジューリングが必要となりますが，建物の減価償却超過額に係る将来減算一時差異のように，解消見込年度が長期にわたる将来減算一時差異については，特別な取扱いが定められています。

解 説

　固定資産の減価償却方法については，税務上は税負担の公平性の観点から，資産の種類および用途に応じて，税法に定められています。一方，会計上は企業の経済的実態に適合した償却方法および経済的耐用年数に基づく減価償却を，毎期継続的に実施することが求められます。また，例えば特別償却のように，税務政策上の要請に基づく，特殊な減価償却が税務上において認められることがありますが，このような取扱いは，会計上は妥当なものとは認められません。これらの減価償却に関する考え方の違いから，各期の会計と税務における減価償却費の算定結果が異なることがあり，その結果として一時差異が発生することで税効果会計の対象となることがあります。ここで，固定資産の減価償却に係る一時差異のうち，建物の減価償却超過額に係る将来減算一時差異のように，解消見込年度が長期にわたる将来減算一時差異については，特別な取扱いが定められています。

1．固定資産の減価償却に係る一時差異

　固定資産の減価償却に関する基本的な考え方は前述のとおりですが，多くの企業が法人税法に定められた耐用年数を用いて減価償却計算を実施しており，また，同様に残存価額の設定についても，多くの企業が法人税法の規定に従っているのが現状です。このような事情に鑑み，法人税法に規定する普通償却限度額（耐用年数の短縮による場合および通常の使用時間を超えて使用する場合

の増加償却額を含みます）を正規の減価償却費として処理する場合においては，企業の状況に照らし，耐用年数または残存価額に不合理と認められる事情のない限り，会計上も妥当なものとして取り扱うことができるものとされます（減価償却に関する当面の監査上の取扱い（監査・保証実務委員会実務指針第81号））。

　一方，例えば，企業がある固定資産の除去を意思決定し，税務上の法定耐用年数よりも短い期間で会計上の減価償却計算を実施することがあります。この場合，当該固定資産に係る各期の減価償却費が会計と税務で異なることで，当該有形固定資産の会計と税務における帳簿価額に差異が生じることがあります。当該差異は，除売却などに伴い将来解消するものであるため，一時差異となります。

　なお，日本の税法は確定決算主義を採用しており，減価償却が税務上の損金の額として認められるには，損金経理が要件となっています。このため，特殊な場合を除き，将来加算一時差異は発生しません。

２．スケジューリングの考え方

(1) 解消見込年度が長期にわたる将来減算一時差異

　固定資産の減価償却に係る一時差異のうち，建物の減価償却超過額に係る将来減算一時差異のように，スケジューリングの結果，その解消見込年度が長期にわたる将来減算一時差異は，企業が継続する限り，将来の税金負担額を軽減する効果を有します。これらの将来減算一時差異に関しては，企業分類に応じて，以下のように取り扱います（回収可能性適用指針35）。

①　（分類１）および（分類２）に該当する企業（（分類４）の要件を満たしても，最終的に（分類２）に該当するものとして取り扱われる企業を含む）
　➡当該将来減算一時差異に係る繰延税金資産は回収可能性があると判断できるものとする。
②　（分類３）に該当する企業（（分類４）の要件を満たしても，最終的に（分類３）に該当するものとして取り扱われる企業を含む）
　➡将来の合理的な見積可能期間（概ね５年）において当該将来減算一時差異のスケジューリングを行った上で，当該見積可能期間を超えた期間であっても，当期末における当該将来減算一時差異の最終解消見込年度までに解消される

と見込まれる将来減算一時差異に係る繰延税金資産は回収可能性があると判断できるものとする。

③　(分類4)に該当する企業((分類4)の要件を満たしても，最終的に(分類2)および(分類3)に該当するものとして取り扱われる企業を除く)
➡翌期に解消される将来減算一時差異に係る繰延税金資産は回収可能性があると判断できるものとする。

④　(分類5)に該当する企業
➡原則として，当該将来減算一時差異に係る繰延税金資産の回収可能性はないものとする。

　(分類3)に該当する企業に関して，上表のような特別な取扱いを建物について認めているのは，将来の合理的な見積可能期間(概ね5年)を超えた期間であっても，建物の減価償却超過額に係る将来減算一時差異に関する繰延税金資産の回収可能性はあるものと考えられることが1つの論拠です。つまり，将来の一時差異等加減算前課税所得を少なくとも5年程度は相当程度の精度で見積ることはできるものの，5年を超えて見積る場合にその精度が低くなる可能性を考慮して，見積可能期間に上限を定めていますが，(分類3)に該当する企業においては，一定程度の一時差異等加減算前課税所得が見込めることを考慮した結果です。

(2)　解消見込年度が長期にわたる将来減算一時差異以外の将来減算一時差異

　(1)以外の場合の固定資産の減価償却に関する将来減算一時差異については，他の通常の一時差異と同様に，企業分類に基づき，解消時期のスケジューリングを行います。

ここ注意!

　固定資産の減価償却に係る一時差異のうち，建物の減価償却超過額に係る将来減算一時差異のように，解消見込年度が長期にわたる将来減算一時差異については，当該差異のスケジューリング実施にあたり，特別な取扱いが定められています。

Q2-5　固定資産の減損損失の取扱い

Q	固定資産の減損損失の取扱いについて教えてください。
A	固定資産の減損損失を計上する場合，通常は将来減算一時差異が発生します。当該一時差異の解消時期のスケジューリングが必要となりますが，償却資産と非償却資産でその取扱いが異なります。

解　説

　固定資産の減損損失に係る将来減算一時差異の取扱いは，当該損失に係る将来減算一時差異の解消見込年度のスケジューリングについて，償却資産と非償却資産ではその性格が異なります。

1．固定資産の減損損失に係る一時差異

　固定資産の減損会計において，減損の兆候があり，減損損失を認識すべきであると判定された資産または資産グループについては，当該有形固定資産の帳簿価額を回収可能価額まで減額し，当該減少額を減損損失として当期の損失とします（減損会計基準二3）。一方，税務においては，当該損失は通常は損金不算入とされます。

　以上の会計と税務の取扱いの違いから生じる差異は，減損損失を認識した固定資産の売却などによって税務上の損金算入要件を満たしたときに解消するため，一時差異となり，税効果会計の対象となります。

2．スケジューリングの考え方

　固定資産の減損損失に係る一時差異は，その解消見込年度のスケジューリングについて，償却資産と非償却資産で異なります（回収可能性適用指針36）。

(1)　償却資産

　償却資産の減損損失に係る将来減算一時差異は，減価償却計算を通して解消されることから，スケジューリング可能な一時差異として取り扱います。なお，

償却資産の減損損失に係る将来減算一時差異については，解消見込年度が長期にわたる将来減算一時差異の取扱いを適用しないものとされます。これは，減損損失は，その本質が減価償却とは異なる性質のものであり，臨時性が極めて高く，かつ，金額も巨額になる可能性が高いことを根拠とします。

(2)　非償却資産

　土地等の非償却資産の減損損失に係る将来減算一時差異は，売却等に係る意思決定または実施計画等がない場合，通常はスケジューリング不能な一時差異として取り扱います。

　ここで，土地再評価法では，再評価を行った事業用土地を売却等により処分した場合および当該事業用土地について予測することができない減損が生じたことにより帳簿価額の減額をした場合に，土地再評価差額金の全部または一部を取り崩さなければならないとされており，また，これら以外の事象を原因として取り崩すことはできないこととされています（土地再評価法8）。再評価を行った事業用土地について減損処理を行った場合には，減損処理を行った部分に係る土地再評価差額金の取崩額について，売却した場合と同様に会計処理することとされています（減損会計適用指針64）。この場合，減損処理額に対応する再評価に係る繰延税金資産または再評価に係る繰延税金負債の戻入額は，法人税等調整額として処理することになると考えられます。

3．設　例

　固定資産の減損損失に係る税効果会計の適用について，設例により説明します。期首における繰延税金資産はゼロであること，繰延税金資産はスケジューリング可能な固定資産の減損損失に係る将来減算一時差異のみ回収可能性があること，および法定実効税率が30％であることを前提とします。

設例2-5　固定資産の減損損失

前提条件

- 当期に自社工場で以下の固定資産について減損損失を計上しており，当該減損損失は将来減算一時差異に該当するものとする。

- 建物の償却方法は定額法（残存耐用年数10年，残存価額０）
- 土地の売却予定なし

科　目	減損前簿価	減損損失	減損後簿価
建物	3,000	2,000	1,000
土地	4,000	2,000	2,000
合計	7,000	4,000	3,000

（会計処理）

　減損損失を計上することにより発生する将来減算一時差異に係る繰延税金資産の回収可能性については，他の一時差異と同様に解消時期のスケジューリングを行います。スケジューリングにあたっては，償却資産（建物やソフトウェアなど減価償却計算による費用化を予定している資産）と非償却資産（土地や借地権など減価償却計算による費用化を予定していない資産）とに分けて以下のように考えます。

1．償却資産の場合（建物）

　償却資産に係る将来減算一時差異は，通常，減価償却計算を通して解消されることから，スケジューリング可能な一時差異と考えられます。この場合，税法上の償却可能限度額と会計上の減価償却費の計算が以下のとおりであったと仮定すれば，以下の(a)と(b)との差額（300－100＝200）が今後10年間にわたり，毎期解消されていくというスケジューリングになります。

　(a)　税法上の償却可能限度額

　　　減損前簿価3,000÷残存耐用年数10年＝300

　(b)　会計上の減価償却費

　　　減損後簿価1,000÷残存耐用年数10年＝100

＜減損損失計上時＞

（借）	減　損　損　失	2,000	（貸）	建　　　　　物	2,000
	繰 延 税 金 資 産	600		法 人 税 等 調 整 額	600

繰延税金資産：減損損失2,000×30％＝600

＜今後10年間＞

| （借）　減 価 償 却 費 | 100 | （貸）　減価償却累計額 | 100 |
| 　　　　法人税等調整額 | 60 | 　　　　繰 延 税 金 資 産 | 60 |

繰延税金資産（戻入れ）：解消額200（＝(a)−(b)）×30％＝60

2．非償却資産の場合（土地）

　非償却資産に係る将来減算一時差異のスケジューリングは，売却や処分などの予定がある場合は，その予定に従ってスケジューリングすることができますが，例えば，工場用地として現在使用中である場合は，通常，スケジューリングは困難なケースが多いと考えられますので，スケジューリング不能な一時差異と判定される可能性が高いといえます。本設例では，工場の土地の売却予定がないため，スケジューリング不能な一時差異と考えられます。このため，本設例においては繰延税金資産の回収可能性なしと判断されます。

＜減損損失計上時＞

| （借）　減 損 損 失 | 2,000 | （貸）　土　　　　　地 | 2,000 |

繰延税金資産：回収可能性がないため計上なし

＜今後10年間＞

| 仕訳なし |

Q2-6　資産除去債務の取扱い

| Q | 資産除去債務の取扱いについて教えてください。 |
| A | 資産除去債務は会計上のみ認められる概念であり，税務上は認められないため，一時差異が発生します。この際に，将来減算一時差異と将来加算一時差異の両方が発生し，その解消時期は通常異なることに留意する必要があります。 |

解 説

　資産除去債務は，会計上のみ計上が認められる負債であり，税務上は計上が認められていません。会計上は，義務発生時において，当該負債と同額が，除去等の対象となる有形固定資産に上乗せされます。この上乗せされた金額も税務上は計上が認められていません。したがって，資産除去債務の発生時に，将来減算一時差異と将来加算一時差異の両方が同時に発生することとなります。

1．資産除去債務に係る一時差異

　資産除去債務について，会計上は，「資産除去債務に関する会計基準」（企業会計基準第18号）や「資産除去債務に関する会計基準の適用指針」（企業会計基準適用指針第21号）において，その取扱いが規定されています。資産除去債務は，有形固定資産の取得，建設，開発または通常の使用によって生じ，当該有形固定資産の除去に関して法令または契約で要求される法律上の義務およびそれに準ずるものをいいます。資産除去債務は発生時に負債として計上されるとともに，同額が除去対象となる有形固定資産の帳簿価額に加えられます。資産計上された資産除去債務に対応する除去費用は，減価償却を通じて，当該有形固定資産の残存耐用年数にわたり，各期に費用配分されます。

　税務上は，資産除去債務に関する規定はなく，負債計上および除去対象となる有形固定資産の帳簿価額への上乗せは認められていません。

　以上の会計と税務の取扱いの違いから生じる差異は，資産除去債務の履行や関連する有形固定資産の売却・減価償却などによって解消するため，一時差異となります。このため，税効果会計の対象として繰延税金資産または繰延税金負債の計上を検討することとなります。

2．スケジューリングの考え方

　資産除去債務に係る会計と税務の違いは，将来減算一時差異に該当し，利息費用の認識により差異が拡大し，義務の履行により差異が解消します。また，有形固定資産の帳簿価額に加算する除去費用に係る会計と税務の違いは，将来加算一時差異に該当し，当該有形固定資産の売却や減価償却等により差異が解消します。ここで，回収可能性適用指針において，将来の一時差異等加減算前

課税所得の見積りに先立ち，将来減算一時差異の解消見込額と将来加算一時差異の解消見込額とを，解消見込年度ごとに相殺するものとされています。このため，資産除去債務に対応する除去費用から生じた将来加算一時差異が減価償却により解消する将来の各年度において，将来減算一時差異の解消額（税務上の繰越欠損金等の解消額を含む）がある場合には，収益力に基づく一時差異等加減算前課税所得等に基づいて繰延税金資産の回収可能性を判断する企業分類にかかわらず，当該資産除去債務に係る繰延税金負債に対応した繰延税金資産を計上できると考えられます。

　なお，当該将来減算一時差異の解消年度は将来の除去費用の支出時となりますが，回収可能性適用指針第35項で定める「解消見込年度が長期にわたる将来減算一時差異の取扱い」の定めに従うことはできません。退職給付引当金や建物の減価償却超過額に係る将来減算一時差異のように，スケジューリングの結果，その解消見込年度が長期にわたる将来減算一時差異とはいえないためです。

3．設　例

　資産除去債務に係る税効果会計の適用について，設例により説明します。X1年の期首における繰延税金資産および繰延税金負債はゼロであること，繰延税金資産は回収可能性があること，および法定実効税率が30％であることを前提とします。

設例2-6　資産除去債務

（前提条件）

　X1年期末から本社建物を契約期間10年で賃借することとし，当該建物に内部造作を行った（有形固定資産の取得）。当該有形固定資産に関しては，退去時に撤去する原状回復義務が契約上定められているため，有形固定資産に関連する資産除去債務を計上した。

［有形固定資産］
- 償却方法は定額法（残存耐用年数10年，残存価額0）
- 資産除去債務の履行時までに減損損失等の帳簿価額の減額なし

［資産除去債務］

- 当初計上額は200（その後見積りの変更なし）
- 利息費用は毎期10
- 10年後に履行（履行差額なし）

（会計処理）

　資産除去債務に対応する除去費用は，資産除去債務を負債として計上したときに，当該負債の計上額と同額を，関連する有形固定資産の帳簿価額に加えます。そして，資産計上された資産除去債務に対応する除去費用は，減価償却を通じて，当該有形固定資産の残存耐用年数にわたり，各期に費用配分されます。このように，会計上は，資産除去債務と対応する除去費用である有形固定資産が同時に当初認識されますが，これらは税務上は認識されない負債および資産であり，将来減算一時差異および将来加算一時差異が発生します。

　資産除去債務に係る将来減算一時差異は，毎期の利息費用の計上に伴い増加し，当該債務の履行時に解消します。当該一時差異に係る繰延税金資産の回収可能性については，他の一時差異と同様に解消時期のスケジューリングを行います。一方，有形固定資産に計上された除去費用に係る将来加算一時差異は，毎期の減価償却によって解消します。

＜資産除去債務計上時＞

| （借） | 有 形 固 定 資 産 | 200 | （貸） | 資 産 除 去 債 務 | 200 |
| | 繰 延 税 金 資 産 | 60 | | 繰 延 税 金 負 債 | 60 |

繰延税金資産（繰延税金負債）：資産除去債務200×30％＝60

＜減価償却時（毎期）＞

| （借） | 減 価 償 却 費 | 20 | （貸） | 減価償却累計額 | 20 |
| | 繰 延 税 金 負 債 | 6 | | 法人税等調整額 | 6 |

減価償却費：有形固定資産200÷10年＝20
繰延税金負債（戻入れ）：減価償却費20×30％＝6

＜利息費用計上時（毎期)＞

| （借） | 利 息 費 用 | 10 | （貸） | 資 産 除 去 債 務 | 10 |
| | 繰 延 税 金 資 産 | 3 | | 法人税等調整額 | 3 |

繰延税金資産：利息費用10×30％＝3

＜債務履行時＞

（借）	資 産 除 去 債 務	300	（貸）	現　金　預　金	300
	減価償却累計額	200		有 形 固 定 資 産	200
	法人税等調整額	90		繰 延 税 金 資 産	90

資産除去債務：当初計上200＋利息費用計上分100（10年分）＝300
繰延税金資産：300×30％＝90

　本設例では繰延税金資産と繰延税金負債を相殺していませんが，財務諸表においては，双方を相殺して表示します。

ここ注意！

　資産除去債務の認識時に，将来減算一時差異と将来加算一時差異の両方を同時に認識する必要があることに注意が必要です。

Q2-7　退職給付引当金の取扱い

| Q | 退職給付引当金の取扱いについて教えてください。 |
| A | 退職給付引当金に関する一時差異については，建物の減価償却に関する一時差異と同様に，解消見込年度が長期にわたる将来減算一時差異として扱われます。 |

解 説

　退職給付引当金は，従業員の退職給付に備えるため，退職給付債務および年金資産の見込額に基づき計上する引当金です。会計上は合理的な見積りが求められますが，税務上は引当金の計上が認められていません。

1．退職給付引当金に係る一時差異

　退職給付引当金について，会計上は，確定給付制度を採用している企業にお

いては，退職給付債務から年金資産の額を控除した額を負債として計上します（退職給付会計基準13）。ただし，年金資産の額が退職給付債務を超える場合には，資産として計上します。税務上は，このような引当金や資産の計上が認められていませんが，その後の退職金の支給などによって税務上の損金算入要件を満たしたときに解消するため，一時差異となり，税効果会計の対象となります。なお，退職給付引当金は将来減算一時差異，前払年金費用は将来加算一時差異となります。

2．スケジューリングの考え方

　退職給付引当金に関する将来減算一時差異は，企業が継続する限り，長期にわたるものの将来解消され，将来の税金負担額を軽減する効果を有するため，建物の減価償却超過額に係る将来減算一時差異と同様に，スケジューリングの結果，その解消見込年度が長期にわたる将来減算一時差異とされます。これらの将来減算一時差異に関しては，企業分類に応じて，以下のように取り扱います（回収可能性適用指針35）。

① （分類1）および（分類2）に該当する企業（（分類4）の要件を満たしても，最終的に（分類2）に該当するものとして取り扱われる企業を含む）
➡当該将来減算一時差異に係る繰延税金資産は回収可能性があると判断できるものとする。
② （分類3）に該当する企業（（分類4）の要件を満たしても，最終的に（分類3）に該当するものとして取り扱われる企業を含む）
➡将来の合理的な見積可能期間（概ね5年）において当該将来減算一時差異のスケジューリングを行った上で，当該見積可能期間を超えた期間であっても，当期末における当該将来減算一時差異の最終解消見込年度までに解消されると見込まれる将来減算一時差異に係る繰延税金資産は回収可能性があると判断できるものとする。
③ （分類4）に該当する企業（（分類4）の要件を満たしても，最終的に（分類2）および（分類3）に該当するものとして取り扱われる企業を除く）
➡翌期に解消される将来減算一時差異に係る繰延税金資産は回収可能性があると判断できるものとする。
④ （分類5）に該当する企業
➡原則として，当該将来減算一時差異に係る繰延税金資産の回収可能性はないものとする。

　（分類3）に該当する企業に関して，上表のような特別な取扱いを退職給付引当金について認めているのは，将来の合理的な見積可能期間（概ね5年）を超えた期間であっても，退職給付引当金に係る将来減算一時差異に関する繰延税金資産の回収可能性はあるものと考えられることが1つの論拠です。これは，建物の減価償却超過額に係る将来減算一時差異と同様です。

ここ注意！

　退職給付引当金に係る将来減算一時差異のように，解消見込年度が長期にわたる将来減算一時差異については，当該差異のスケジューリング実施にあたり，特別な取扱いが定められています。

Q2-8　役員退職慰労引当金の取扱い

Q	役員退職慰労引当金の取扱いについて教えてください。
A	役員退職慰労引当金に関する一時差異については，税務上の損金算入要件に留意するとともに，スケジューリングを行います。

解　説

　役員退職慰労引当金は，会社の役員（取締役・監査役・執行役等）の将来における退職慰労金の支払に備えて設定される引当金です。会計上は合理的な見積りが求められますが，税務上は引当金の計上が認められていません。

1．役員退職慰労引当金に係る一時差異

　役員に対する退職金は，発生した事業年度の費用として会計処理するため，支給見込額または支給見込額のうち当事業年度の職務に係る金額について引当金を計上する必要があります。一方，税務上は，金額が具体的に確定した日，または支給日の属する事業年度に，税務上適正とされる金額について損金算入されます（法法34Ⅱ，法令70）。

したがって，役員退職慰労引当金は従業員対象の退職給付引当金と同様に将来減算一時差異に該当します。

2．スケジューリングの考え方

1に記載のとおり，役員退職慰労引当金は一時差異に該当するため，スケジューリングが必要となります。

具体的には，役員退職慰労引当金に係る繰延税金資産の回収可能性の判断にあたっては，役員在任期間の実績や社内規程等に基づいて役員の退任時期を合理的に見込む方法等によりスケジューリングが行われている場合は，スケジューリングの結果に基づいて判断します。一方，スケジューリングが行われていない場合は，役員退職慰労引当金に係る将来減算一時差異は，スケジューリング不能な将来減算一時差異として取り扱います。なお，（分類2）に該当する企業においては，当該スケジューリング不能な将来減算一時差異に係る繰延税金資産について，税務上の損金の算入時期が個別に特定できないが将来のいずれかの時点で損金に算入される可能性が高いと見込まれるものについて，当該将来のいずれかの時点で回収できることを企業が合理的な根拠をもって説明する場合，当該スケジューリング不能な将来減算一時差異に係る繰延税金資産は回収可能性があるものとします（回収可能性適用指針37）。

Q2-9 ストック・オプションに係る費用の取扱い

Q	ストック・オプションに係る費用の取扱いについて教えてください。
A	ストック・オプションの税務上の取扱いは，税制適格の場合と税制非適格の場合で異なります。これらの違いは，会計と税務の費用（損金）の計上に関する違いとなっており，税効果会計の適用にあたって注意が必要です。

解 説

企業は，長期的なインセンティブ付与を目的として，役員や従業員にストッ

ク・オプションを付与することがあります。これらストック・オプションは個人に係るものであるため，税法において税制適格要件を定めることで，優遇措置を定めています。このようなストック・オプション税制における適格性は，法人税法における取扱いにも影響し，税効果会計上も考慮する必要があります。

1．ストック・オプションに係る一時差異

　ストック・オプションとは，自社株式オプションのうち，特に企業がその従業員等に報酬として付与するものをいいます。自社株式オプションとは，自社の株式を原資産とするコール・オプション（一定の金額の支払により，原資産である自社の株式を取得する権利）をいい，新株予約権がこれに該当します。

　ストック・オプションを付与し，これに応じて企業が従業員等から取得するサービスは，権利確定日前において，その取得に応じて費用として計上し，対応する金額をストック・オプションの権利の行使または失効が確定するまでの間，貸借対照表の純資産の部に新株予約権として計上します（ストック・オプション会計基準4）。その際の費用計上額は，当該ストック・オプションの公正な評価額のうち，対象勤務期間を基礎とする方法等に基づき当期に発生したと認められる金額です。なお，ストック・オプションの公正な評価額は，公正な評価単価にストック・オプション数を乗じて算定し，条件変更の場合を除き，その後は見直しません（ストック・オプション会計基準5，6）。したがって，会計上，ストック・オプションを付与した時点の当該ストック・オプションの公正な評価額を対象勤務期間にわたって費用処理する必要があります。

　一方，税務上は，ストック・オプションが租税特別措置法第29条の2で規定される，いわゆる税制適格ストック・オプションか否かで取扱いが異なります。

　税制適格ストック・オプションの場合，従業員等の個人において権利行使時の課税が繰り延べられ，株式譲渡時に売却時の時価と権利行使価格等との差額について譲渡所得として課税される一方，法人においては当該ストック・オプションに係る費用は損金算入されません（法法54Ⅱ）。したがって，会計上費用処理されたストック・オプションに係る費用は永久差異に該当し，将来減算一時差異とはならず，繰延税金資産の計上対象となりません。他方，税制非適格ストック・オプションの場合，従業員等の個人においてストック・オプショ

ンの権利行使日に行使日の株式の時価と権利行使価格等との差額について給与所得等として課税されます。法人においては給与等課税事由が生じた日（権利行使日）に当該被付与者から役務提供を受けたものとして当該ストック・オプションの付与時点における評価額が損金算入されます（法法54Ⅰ，法令111の2Ⅲ）。したがって，ストック・オプションが付与されてから行使されるまでの期間について，当該ストック・オプションに係る費用は将来減算一時差異に該当し，繰延税金資産の計上対象となります。

2．スケジューリングの考え方

1に記載のとおり，税制非適格ストック・オプションのみが税効果会計の対象となります。なお，当該ストック・オプションに係る一時差異は，権利行使時だけでなく，権利不行使による戻入益の発生時にも解消します。

ここ注意！

ストック・オプションについて，法人税法において税制適格要件が定められています。法人税法における取扱いに応じて税効果会計上の取扱いが異なるため注意が必要です。

Q2-10 土地圧縮積立金等の取扱い

Q	土地圧縮積立金等の将来加算一時差異が発生する場合の取扱いについて教えてください。
A	土地圧縮積立金は，剰余金処分により積み立てられる項目です。当該積立金の計上により，税務上は圧縮損の損金算入が認められることとなり，将来加算一時差異が発生します。このほかに，租税特別措置法上の準備金である特別償却準備金等に関しても同様に将来加算一時差異が発生します。

解 説

　土地などの有形固定資産を取得する際に，税務上一定の要件を満たす場合に，その取得価額を減額し，圧縮損を計上することがあります。この圧縮損は，有形固定資産の譲渡益や補助金の受贈益と対応し，課税を繰り延べる効果があります。我が国の法人税法においては，税務上損金に算入するには会計上費用として処理することが前提となっていますが，当該圧縮損は剰余金処分により，会計上費用として処理することなく，税務上損金に算入することができます。

　このほかに，租税特別措置法上の準備金である特別償却準備金等に関しても同様に将来加算一時差異が発生します。以下，土地圧縮積立金について説明します。

1．土地圧縮に係る一時差異

　法人税法および租税特別措置法において規定する圧縮記帳には，有形固定資産の帳簿価額を直接減額する方法（直接減額方式）と，剰余金処分により積立金を積み立てる方法（積立金方式）があります。取得原価主義の観点からは，積立金方式による会計処理が望ましいと考えられます。

　積立金方式により土地の圧縮損を税務上損金に算入する場合，会計上は土地の取得価額の減額は行われないことから，将来加算一時差異が発生します。

2．スケジューリングの考え方

　土地圧縮（積立金方式）に係る一時差異は，土地の売却時や減損損失計上時に解消します。これは，非償却資産である土地については，償却資産のように減価償却に伴い当該差異が解消することはなく，土地の売却や減損損失計上に伴い，会計上で損益を計上した時に差異が解消するためです。

3．設　例

　土地の圧縮積立金に係る税効果会計の適用について，設例により説明します。X1年の期首における繰延税金負債はゼロであること，および法定実効税率が30％であることを前提とします。

設例2-7　土地圧縮積立金

(前提条件)

　X1年度に土地を売却し（売却益500），代替土地を取得した（積立金方式により税務上500の圧縮記帳）。その後，X2年度に当該土地を売却した。

(会計処理)

＜X1年度決算＞

| （借）　法人税等調整額 | 150 | （貸）　繰延税金負債 | 150 |

繰延税金負債の計算：500×30％＝150

| （借）　繰越利益剰余金 | 350 | （貸）　土地圧縮積立金 | 350 |

土地圧縮積立金の計算：500－150＝350

＜X2年度決算＞

| （借）　繰延税金負債 | 150 | （貸）　法人税等調整額 | 150 |
| 　　　　土地圧縮積立金 | 350 | 　　　　繰越利益剰余金 | 350 |

　X1年度に土地の売却益500が発生しますが，積立金方式で代替土地の圧縮記帳を行うと，税務上は圧縮記帳の分（500）だけ簿価が小さくなり，一時差異となります。この一時差異は，当該土地の売却で解消します。

Q2-11　繰延ヘッジ損益に係る取扱い

| Q | 繰延ヘッジ損益に係る取扱いについて教えてください。 |
| A | 繰延ヘッジ損益は，純資産の部に計上される「評価・換算差額等」に分類され，その計上にあたっては，繰延ヘッジ損益に係る繰延税金資産または繰延税金負債の額を控除した金額で計上します。 |

解説

　企業は，為替や原料価格の変動リスクといった，さまざまなリスクにさらされて事業を運営しています。このようなリスクがもたらす影響を軽減するために，企業はヘッジ取引を行うことがあります。ヘッジ取引が一定の要件を満たす場合には，繰延ヘッジまたは時価ヘッジが適用でき，繰延ヘッジを選択した場合，繰延ヘッジ損益は繰延税金資産または繰延税金負債を控除した後の金額で純資産の部に計上されます。

1．ヘッジ会計に係る一時差異

　ヘッジ取引には，相場変動を相殺するものとキャッシュ・フローを固定するものとがあります。相場変動を相殺するヘッジ取引は，ヘッジ対象が相場変動リスクにさらされており，かつ，ヘッジ対象の相場変動とヘッジ手段の相場変動との間に密接な経済的相関関係があり，ヘッジ手段がヘッジ対象の相場変動リスクを減少させる効果をもつものです。また，キャッシュ・フローを固定するヘッジ取引は，ヘッジ対象がキャッシュ・フロー変動リスクにさらされており，かつ，ヘッジ対象のキャッシュ・フロー変動とヘッジ手段のキャッシュ・フロー変動との間に密接な経済的相関関係があり，ヘッジ手段がヘッジ対象のキャッシュ・フローの変動リスクを減少させる効果をもつものです。このようなヘッジ取引の効果を会計に反映させるためにヘッジ会計を用いますが，その方法として繰延ヘッジと時価ヘッジが挙げられます。

　例えば，その他有価証券をヘッジ対象とするヘッジ取引の会計処理として，繰延ヘッジまたは時価ヘッジのいずれかを選択することができます。繰延ヘッジでは，ヘッジ手段の損益または評価差額を繰延ヘッジ損益として繰り延べます。繰延ヘッジ損益は純資産の部に計上され，その計上にあたっては，これらに係る繰延税金資産または繰延税金負債の額を控除した金額で計上します（純資産の部会計基準8）。

2．スケジューリングの考え方

　繰延ヘッジ損益に係る一時差異は，繰延ヘッジ損失と繰延ヘッジ利益とに区分し，繰延ヘッジ損失に係る将来減算一時差異については，回収可能性を判断

した上で繰延税金資産を計上し，繰延ヘッジ利益に係る将来加算一時差異については繰延税金負債を計上します。

　ここで，繰延ヘッジ損失に係る将来減算一時差異に関する繰延税金資産は，企業分類に応じて，（分類１）に該当する企業および（分類２）に該当する企業（（分類４）の要件を満たしても，最終的に（分類２）に該当するものとして取り扱われる企業を含みます）に加え，（分類３）に該当する企業（（分類４）の要件を満たしても，最終的に（分類３）に該当するものとして取り扱われる企業を含みます）においても回収可能性があるものとします（回収可能性適用指針46）。繰延ヘッジ損失に係る将来減算一時差異については，ヘッジ有効性を考慮すれば，通常，ヘッジ対象に係る評価差益に関する将来加算一時差異とほぼ同時期に同額で解消されるものとみることもできると考えられるため，（分類１）および（分類２）の企業に加え，（分類３）の企業についても繰延税金資産の回収可能性があるものとされたものです（回収可能性適用指針115）。

Q2-12 土地再評価差額金に係る取扱い

Q	土地再評価差額金に係る取扱いについて教えてください。
A	土地再評価差額金は，純資産の部に計上される「評価・換算差額等」に分類され，その計上にあたっては，土地再評価差額金に係る繰延税金資産または繰延税金負債の額を控除した金額で計上します。

解　説

　土地再評価差額金は，金融の円滑に資すること等を目的として制定された「土地の再評価に関する法律」（平成10年３月31日法律第34号，最終改正平成17年７月26日法律第87号。以下「土地再評価法」といいます）に基づき，大会社等の一定の会社が，事業用土地について時価による評価を行い（土地再評価法３Ⅰ），当該事業用土地の帳簿価額を改定することにより計上されたものです。土地再評価差額金は繰延税金資産または繰延税金負債を控除した後の金額で純

資産の部に計上されます（土地再評価差額金の会計処理に関するQ＆A　Q1）。

1．土地再評価差額金に係る一時差異

　土地再評価差額金は，事業用土地について時価による評価を行い，当該事業用土地の帳簿価額を改定することにより計上されたものですが，これは会計上のみ認められた取扱いであり，税務上はこのような取扱いは認められていません。再評価を行った事業用土地の再評価額から当該事業用土地の再評価の直前の帳簿価額を控除した金額は，会計と税務の資産の額の差異となります。当該差異はその後の事業用土地の売却などによって税務上の損金算入要件を満たしたときに解消するため，一時差異であり，税効果会計の対象となります。

　なお，土地再評価法に基づく再評価は，当該法律の施行日（平成10年3月31日）から施行日後4年を経過する日までの期間（以下「再評価実施期間」といいます）内のいずれか一の決算期においてしか認められていないため（土地再評価法5），再評価実施期間後の決算期においては，事業用土地の再評価を行うことはできません（土地再評価差額金の会計処理に関するQ＆A　Q1）。

2．スケジューリングの考え方

　土地再評価差額金に係る一時差異については，他の通常の一時差異と同様に，税効果会計適用指針第8項に従って繰延税金資産または繰延税金負債を計上します。当該繰延税金資産または繰延税金負債については，純資産の部の評価・換算差額等を相手勘定として計上します（税効果会計適用指針13）。また，土地再評価差額金に係る繰延税金資産または繰延税金負債について，再評価を行った事業用土地の売却などにより土地再評価差額金に係る一時差異が解消した場合，当該解消した一時差異に係る繰延税金資産または繰延税金負債を取り崩します。当該繰延税金資産または繰延税金負債については，法人税等調整額を相手勘定として取り崩します（税効果会計適用指針14）。

　なお，土地再評価差額金に係る繰延税金資産または繰延税金負債は，他の繰延税金資産または繰延税金負債とは区別して，貸借対照表の投資その他の資産または固定負債の区分に，再評価に係る繰延税金資産など，または再評価に係る繰延税金負債など，その内容を示す科目で表示します（税効果会計適用指針63）。

第3章

連結財務諸表における
税効果会計

Point

- 連結財務諸表における税効果会計とは，個別財務諸表における税効果会計を適用した後，連結決算手続において連結財務諸表固有の一時差異に係る税金の額を期間配分する手続です。

Q3-1 連結財務諸表の税効果の考え方と概要

Q	連結財務諸表の税効果会計の考え方と会計処理の概要（意義，手続の流れ，連結財務諸表固有の一時差異，税効果会計に適用される税率等）について教えてください。
A	連結財務諸表の税効果会計は，原則として資産負債法の考え方に基づき，税効果会計適用指針に従い会計処理がなされます。

解 説

1. 連結財務諸表における税効果会計の意義と手続

(1) 意 義

　連結財務諸表における税効果会計とは，個別財務諸表において財務諸表上の一時差異等に係る税効果会計を適用した後，連結決算手続において連結財務諸表固有の一時差異に係る税金の額を期間配分する手続のことをいいます。

　基本的に連結決算手続においては，連結財務諸表における繰延税金資産および繰延税金負債として，連結財務諸表固有の一時差異が生じた納税主体ごとに，当該連結財務諸表固有の一時差異に係る税金の見積額を計上します。また，連結財務諸表固有の将来減算一時差異に係る繰延税金資産は，納税主体ごとに個別財務諸表における繰延税金資産と合算し，回収可能性適用指針に従って計上します（税効果適用指針8(3)）。

　なお，税効果会計の方法には資産負債法（税効果会計適用指針89(1)）のほかに繰延法（税効果会計適用指針89(2)）があり（Q1-3参照），連結財務諸表における税効果会計においては，原則として資産負債法の考え方が採用されていますが（税効果会計適用指針6），未実現損益の消去に係る税効果会計（Q4-1参照）については，資産負債法の例外として繰延法が採用されています（税効果会計適用指針131）。

図表 3-1　　**連結財務諸表における税効果会計**

	税効果会計の方法	例　　示
原則	資産負債法	下記以外のすべての項目
例外	繰延法	未実現損益の消去に対する一時差異

(2)　手　続

①　単純合算

　繰延税金資産および繰延税金負債の計上は，グループ通算制度が適用されている場合を除き，個々の連結会社ごとに行います。したがって，連結財務諸表の作成にあたり，個別財務諸表に税効果会計が適用されていない連結会社については，まず個別財務諸表項目に存在する一時差異等に対して繰延税金資産および繰延税金負債を計上した後の個別財務諸表を作成する必要があります。

　このような前提のうえで，連結財務諸表への税効果会計の適用にあたっては，まず，個別財務諸表に計上されている繰延税金資産および繰延税金負債等の項目を単純合算することになります。この際，連結財務諸表においては異なる納税主体の繰延税金資産および繰延税金負債が計上されているため，双方を相殺せずに表示します（税効果会計基準一部改正2）。この単純合算にあたり，発生原因別の内訳の注記を考慮して，納税主体ごとに発生原因別の内訳に関する資料を収集しておく必要があります。

②　連結修正仕訳に伴う税効果の認識

　資本連結手続およびその他の連結手続上生じた一時差異に対して，当該差異が発生した納税主体ごとに税効果を認識し，繰延税金資産および繰延税金負債ならびに法人税等調整額を計算します。

③　回収（支払）可能性の判断

　未実現損益の消去に係る一時差異を除き各納税主体ごとに個別貸借対照表の繰延税金資産および繰延税金負債の計上額（繰越外国税額控除に係る繰延税金資産を除きます）と合算し，回収（支払）可能性の判断を行います。特に，グ

ループ通算制度を選択している国・地域においては，その納税主体となる会社群をグルーピングして回収可能性の判断をすることが必要になります（「第7章　グループ通算制度における税効果会計」を参照）。

④　繰延税金資産および繰延税金負債ならびに法人税等調整額の計上

以上の手続の結果，回収（支払）可能性ありと認められた部分に関して，繰延税金資産および繰延税金負債ならびに法人税等調整額を連結財務諸表に計上します。

⑤　表示・開示

表示に関しては，連結財務諸表規則の定めに従って行います（Q5-1参照）。また，税効果に関する必要な注記を行うことになります（税効果会計適用指針64，Q5-2参照）。

図表3-2　　手続の流れ

①　個別財務諸表における税効果会計の適用
②　個別財務諸表を単純合算
③　連結修正仕訳に伴う税効果の認識
④　回収（支払）可能性の判断（納税主体ごと）
⑤　繰延税金資産および繰延税金負債ならびに法人税等調整額の計上
⑥　税効果会計関係の注記の作成

２．連結財務諸表固有の一時差異

(1)　連結財務諸表固有の一時差異

　連結財務諸表固有の一時差異としては，以下のようなものが例示されています（税効果会計適用指針18〜43，101〜145）。

---

① 　子会社の資産および負債の時価評価による評価差額に係る一時差異
② 　個別財務諸表において子会社株式の評価損を計上した場合の連結財務諸表における取扱い
③ 　子会社に対する投資に係る一時差異
④ 　債権と債務の相殺消去に伴い修正される貸倒引当金に係る一時差異
⑤ 　未実現損益の消去に係る一時差異
⑥ 　連結会社間における資産（子会社株式等を除く）の売却に伴い生じた売却損益を税務上繰り延べる場合の連結財務諸表上における取扱い
⑦ 　連結会社間における子会社株式等の売却に伴い生じた売却損益を税務上繰り延べる場合の連結財務諸表における取扱い
⑧ 　子会社等が保有する親会社株式等を当該親会社等に売却した場合の連結財務諸表における法人税等に関する取扱い
⑨ 　退職給付に係る負債または退職給付に係る資産に関する一時差異
⑩ 　子会社株式等の取得に伴い認識したのれんまたは負ののれんに係る繰延税金負債または繰延税金資産の取扱い

---

(2)　連結財務諸表固有の一時差異の分類

　連結財務諸表固有の一時差異は，課税所得の計算には関係しませんが，連結決算手続の結果として連結貸借対照表上の資産または負債の金額と，連結会社の個別貸借対照表上の資産または負債の金額との間で差異が生じることにより発生します。

　連結財務諸表固有の一時差異には「将来減算一時差異」と「将来加算一時差異」とがあります。

　連結財務諸表固有の将来減算一時差異とは，連結財務諸表固有の一時差異のうち，連結決算手続の結果として連結貸借対照表上の資産の金額（または負債の金額）が，連結会社の個別貸借対照表上の資産の金額（または負債の金額）を下回る（または上回る）場合に，当該連結貸借対照表上の資産（または負債）が回収（または決済）される等により，当該一時差異が解消する時に，連

結財務諸表における利益が減額されることによって当該減額後の利益の額が当該連結会社の個別財務諸表における利益額と一致する関係をもつものをいいます（税効果会計適用指針4(5)①）。

　一方，連結財務諸表固有の将来加算一時差異とは，連結財務諸表固有の一時差異のうち，連結決算手続の結果として連結貸借対照表上の資産の金額（または負債の金額）が，連結会社の個別貸借対照表上の資産の金額（または負債の金額）を上回る（または下回る）場合に，当該連結貸借対照表上の資産（または負債）が回収（または決済）される等により，当該一時差異が解消する時に，連結財務諸表における利益が増額されることによって当該増額後の利益の額が当該連結会社の個別財務諸表における利益の額と一致する関係をもつものをいいます（税効果会計適用指針4(5)②）。

図表3-3　連結財務諸表固有の一時差異

連結財務諸表固有の一時差異

個別財務諸表に係る一時差異

連結会計上の簿価　　個別会計上の簿価　　税務会計上の簿価

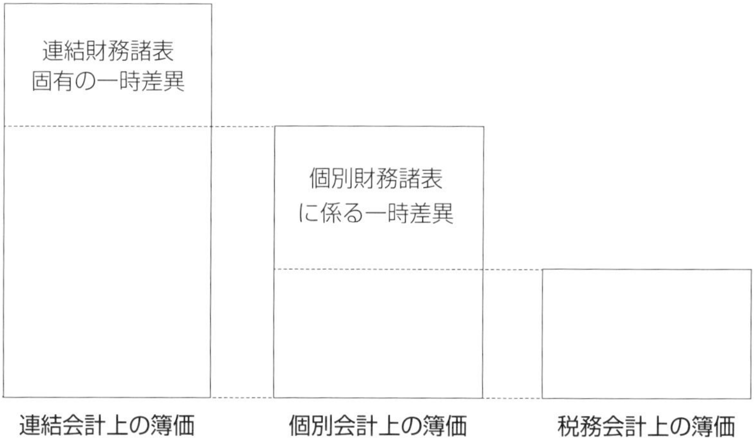

3．税効果会計に適用される税率

　税効果会計で適用する税率は，資産負債法の考え方によれば，回収または支払が行われると見込まれる期の税率に基づいて計算すべきことになります（税効果会計基準第二 二2）。しかしながら，実務上将来の税率を予測することは困難であるため，税効果会計に適用される税率は各納税主体ごとに連結決算日

または子会社の決算日現在における税法規定に基づく税率になります。したがって，税制改正法が当該決算日までに国会で成立しており，将来の税率改正が確定している場合は改正後の税率が適用されることになります（税効果会計適用指針44）。

ただし，子会社の決算日が連結決算日と異なる場合で，かつ当該子会社が連結決算日に正規の決算に準ずる合理的な手続により決算（以下「仮決算」といいます）を行う場合（連結会計基準16）に，当該子会社の繰延税金資産および繰延税金負債の計算に用いる税率は，連結決算日現在における税法の規定に基づく税率になります（税効果会計適用指針50前段）。

また，子会社の正規の決算を基礎として連結決算を行う場合（連結会計基準（注4））に，当該子会社の繰延税金資産および繰延税金負債の計算に用いる税率は，子会社の決算日現在における税法の規定に基づく税率になります（税効果会計適用指針50後段）。

図表3-4　適用される税率

	子会社が連結決算日に仮決算を行う場合	子会社が連結決算日に仮決算を行わない場合
連結財務諸表提出会社	連結決算日（親会社の決算日）の税率	
連結子会社	連結決算日の税率	子会社の決算日の税率

Q3-2　持分移動に係る税効果会計

Q	持分移動に係る税効果会計について教えてください。
A	持分移動が行われた場合，連結財務諸表固有の一時差異が生じることがあります。それぞれの連結財務諸表固有の一時差異の処理については，以下の解説を参照ください。

解　説

1．段階取得により支配を獲得した場合

　従来，段階取得により支配を獲得した場合において，取引ごとの原価の合計額が投資の金額とされてきました。しかしながら，国際的な動向に鑑みて2008年改正で，段階取得における子会社に対する投資の金額は，連結財務諸表上，支配獲得日における時価で算定することとなりました。この結果，企業結合会計基準における取扱いと同様に，支配獲得日における時価と支配を獲得するに至った個々の取引ごとの原価の合計額との差額は，当期の段階取得に係る損益として連結財務諸表上処理することとなりました（連結会計基準62）。

　一方，このような段階取得において発生した個別貸借対照表上における子会社への投資金額と連結貸借対照表上の価額との差額は，「段階取得に係る損益に関する連結財務諸表固有の一時差異」として連結財務諸表固有の一時差異に該当します（税効果会計適用指針107(2)）。

　そのため，段階取得により支配を獲得した場合には，当該差額に基づき繰延税金資産または繰延税金負債の計上の可否および計上額を決定しなければなりません。

2．投資の一部売却により子会社等に該当しなくなった場合

　子会社に対する投資の一部売却により当該被投資会社が子会社等に該当しなくなった場合，連結財務諸表上，残存する当該被投資会社に対する投資は個別貸借対照表上の帳簿価額をもって評価するとされています（連結会計基準29なお書き）。この場合，その一部売却決定時点で，法人税等調整額を相手勘定として計上した当該子会社に対する投資に係る連結財務諸表固有の一時差異に関する繰延税金資産または繰延税金負債のうち，当該売却に伴い投資の帳簿価額を修正したことにより解消した一時差異に係る繰延税金資産または繰延税金負債を，利益剰余金を相手勘定として取り崩します（税効果会計適用指針29）。

3．投資を全部売却した場合

　子会社に対する投資を全部売却した場合は，基本的に上記 **2** と同じになりますが，その売却決定時点で，当該子会社に対する投資に係る連結財務諸表固有

の一時差異に関する繰延税金資産および繰延税金負債の全額について，税効果を計上する必要があります。そして，実際の売却時点において投資のすべてが清算されるため，子会社に対する投資に係る一時差異に関する繰延税金資産または繰延税金負債の全額を，利益剰余金を相手勘定として取り崩すこととなると考えられます。

4．投資の一部売却後も親会社と子会社の支配関係が継続している場合

　子会社に対する投資を一部売却した後も親会社と子会社の支配関係が継続している場合，連結財務諸表上，当該売却に伴い生じた親会社の持分変動による差額に対応する法人税等に相当する額（子会社への投資に係る税効果の調整を含みます）については，売却時に，法人税，住民税及び事業税などその内容を示す科目を相手勘定として資本剰余金から控除します。なお，資本剰余金から控除する法人税等相当額は，売却元の課税所得や税金の納付額にかかわらず，原則として，親会社の持分変動による差額に法定実効税率を乗じて計算します（税効果会計適用指針28）。

5．子会社株式を追加取得する場合

　子会社に対する投資の追加取得に伴う親会社の持分変動による差額は，資本剰余金として計上されます（連結会計基準28）。親会社の持分変動による差額は連結財務諸表固有の一時差異に該当するため，当該親会社の持分変動による差額に係る繰延税金資産または繰延税金負債については，資本剰余金を相手勘定として計上します（税効果会計適用指針27(2)①）。

　なお，追加取得を行った子会社に対する投資に係る連結財務諸表固有の一時差異は，上記の資本剰余金に関連する部分のほか，当該子会社の留保利益など利益剰余金に関連する部分を含みます（税効果会計適用指針121）。

6．子会社の時価発行増資等の場合（親会社と子会社の支配関係が継続している場合）

　子会社の時価発行増資等に伴う親会社の持分変動による差額は，資本剰余金として計上されます（連結会計基準30）。親会社の持分変動による差額は連結

財務諸表固有の一時差異に該当するため，当該親会社の持分変動による差額に係る繰延税金資産または繰延税金負債については，資本剰余金を相手勘定として計上します（税効果会計適用指針27⑵②）。

なお，時価発行増資等を行った子会社に対する投資に係る連結財務諸表固有の一時差異は，上記の資本剰余金に関連する部分のほか，当該子会社の留保利益など利益剰余金に関連する部分を含みます（税効果会計適用指針122）。

7．親会社の持分変動による差額に対して繰延税金資産または繰延税金負債を計上していた場合の子会社に対する投資を売却した時の取扱い

5および**6**に記載の親会社の持分変動による差額に係る連結財務諸表固有の一時差異について，資本剰余金を相手勘定として繰延税金資産または繰延税金負債を計上していた場合，子会社に対する投資を売却した時に当該売却により解消した一時差異に係る繰延税金資産または繰延税金負債を取り崩します。このとき，法人税等調整額を相手勘定として取り崩します（税効果会計適用指針30）。

設例3−1 親会社の持分変動による差額に対して繰延税金資産を計上していた子会社に対する投資を売却

（前提条件）

- P社は，X1年3月期末にS社の発行済株式の60％を取得し，子会社とした。
- 親会社P社は，S社株式の発行済株式の20％を，X2年3月期末に3,000で追加取得した。この際，連結財務諸表上，非支配株主持分の減少額2,900との差額として，資本剰余金を100計上している。
- X2年3月期には，P社はS社株式の売却の意思決定をしていない。
- X3年3月期において，親会社P社は，「X4年3月期にS社株式を第三者へすべて売却する意思決定」を行った。
- X4年3月期に，S社株式を第三者にすべて売却した。
- P社およびS社の法定実効税率は30％とする。
- 繰延税金資産に関する仕訳以外の開始仕訳，留保利益の仕訳等は省略する。
- 将来減算一時差異はすべて回収可能性がある。

（会計処理）

1．X2年3月期（S社株式の追加取得時）

＜追加取得したS社株式と非支配株主持分の消去＞

（借）　非支配株主持分	2,900	（貸）　子 会 社 株 式	3,000
資 本 剰 余 金	100		

2．X3年3月期（S社株式の売却の意思決定時）

＜追加取得により生じた親会社の持分変動による差額に係る繰延税金資産の計上＞

（借）　繰 延 税 金 資 産	30	（貸）　資 本 剰 余 金	30

X2年3月期に生じた資本剰余金100×法定実効税率30％＝繰延税金資産30

3．X4年3月期（S社株式の売却時）

＜S社株式の売却に伴う子会社の投資に係る繰延税金資産の取崩し＞

（借）　法人税等調整額	30	（貸）　繰 延 税 金 資 産	30

8．親会社の持分変動による差額に対して繰延税金資産または繰延税金負債を計上していなかった場合の子会社に対する投資を売却した時の取扱い

　5および6に記載のとおり，親会社の持分変動による差額を資本剰余金としている場合で，かつ，当該子会社に対する投資の売却の意思決定とその売却の時期が同一の事業年度となったことなどにより，売却直前に繰延税金資産または繰延税金負債を計上していなかった場合，子会社に対する投資を売却した時に，この資本剰余金に対応する法人税等調整額に相当する額について，法人税，住民税及び事業税などその内容を示す科目を相手勘定として資本剰余金から控除します（税効果会計適用指針31）。これは，資本剰余金の額が，売却前に繰延税金資産または繰延税金負債を計上した場合と同じ結果になるようにするためです（税効果会計適用指針124）。

設例3-2 親会社の持分変動による差額に対して繰延税金資産を計上していなかった子会社に対する投資を売却

前提条件

- S社株式の売却時期を除き，前提条件は設例3-1と同一とする。
- X3年3月期に，S社株式を第三者にすべて売却した（子会社株式の売却の意思決定と，同一の事業年度に売却が行われる。このため，繰延税金資産は計上されていない）。

会計処理

1．X2年3月期（S社株式の追加取得時）

＜追加取得したS社株式と非支配株主持分の消去＞

(借) 非支配株主持分	2,900	(貸) 子会社株式	3,000
資本剰余金	100		

2．X3年3月期（S社株式の売却の意思決定および売却時）

＜追加取得により生じた親会社の持分変動による差額に対応する法人税等相当額の計上＞

(借) 法人税，住民税および事業税	30	(貸) 資本剰余金	30

X2年3月期に生じた資本剰余金100×法定実効税率30％＝資本剰余金30

9．子会社株式の取得原価に含まれる取得関連費用に係る連結財務諸表固有の将来減算一時差異

　子会社株式の取得原価に含まれる取得関連費用に係る連結財務諸表固有の将来減算一時差異は，個別財務諸表において，子会社株式の取得原価を金融商品会計基準および金融商品会計実務指針に従って算定し，当該取得原価に取得関連費用が含まれていた場合，連結決算手続上，発生した連結会計年度の費用として処理することにより（企業結合会計基準26），子会社に対する投資の連結貸借対照表上の価額と親会社の個別貸借対照表上の投資簿価との間に生じる差異です（税効果会計適用指針107(1)）。すなわち，連結貸借対照表上の価額が個

別貸借対照表上の価額を下回るため，将来減算一時差異が生じます。

　そのため，子会社株式の取得原価に含まれる取得関連費用により，将来減算一時差異が生じた場合には，当該差額に基づき繰延税金資産の計上の可否および計上額を決定しなければなりません。

Q3-3 　繰延税金資産の回収可能性

Q	連結決算手続上生じた繰延税金資産の回収可能性について教えてください。
A	連結決算手続上生じた将来減算一時差異（未実現利益の消去にかかる将来減算一時差異を除きます）に係る繰延税金資産は，納税主体ごとに個別財務諸表における繰延税金資産と合算し，回収可能性を検討します。

解 説

1．連結手続上生じた繰延税金資産の回収可能性

　連結決算手続においては，連結財務諸表における繰延税金資産および繰延税金負債として，連結財務諸表固有の一時差異が生じた納税主体ごとに，当該連結財務諸表固有の一時差異に係る税金の見積額を計上します。

　連結財務諸表固有の将来減算一時差異（未実現利益の消去に係る将来減算一時差異を除きます）に係る繰延税金資産は，納税主体ごとに個別財務諸表における繰延税金資産（繰越外国税額控除に係る繰延税金資産を除きます）と合算し，回収可能性適用指針第9項に従って計上します（税効果会計適用指針8(3)）。

　ただし，回収可能性適用指針に定める回収可能性の判断要件を適用するにあたり，その検討過程の一部で将来加算一時差異の解消見込額を検討しますが，未実現損失の消去に係る将来加算一時差異については，その解消見込額に含めないこととされています（回収可能性適用指針9）。

　したがって，実務上は，①繰延法の考え方に基づいて計上される未実現利益の消去に係る繰延税金資産，②繰越外国税額控除等に係る繰延税金資産，③それ以外の繰延税金資産に3区分し，③について収益力に基づく課税所得の十分

性，タックス・プランニングの存在および将来加算一時差異（未実現損失の消去に係る将来加算一時差異の将来における解消見込額を除きます）の十分性により繰延税金資産の回収可能性を判断することになります。なお，①については回収可能性の判断は必要ありませんし，②については将来の控除余裕額の範囲内で計上されていることがすでに個別財務諸表上で検討されているため，連結財務諸表上で再度検討される必要はありません。

図表3-5　連結財務諸表における繰延税金資産の回収可能性の判断

区分	連結財務諸表における繰延税金資産の回収可能性の判断
①　未実現利益の消去に係る繰延税金資産	不要（繰延法の考え方に基づくため）
②　繰越外国税額控除に係る繰延税金資産	不要（この場合の繰延税金資産の回収可能性は，在外支店の税務上の所得が合理的に見込まれる等，国外源泉所得が生じる可能性が高いことにより，翌期以降に外国税額控除の余裕額が生じることが確実に見込まれる場合，繰越外国税額控除の実現が見込まれる額を繰延税金資産として計上する。この検討は，個別財務諸表上ですでに行われており，連結財務諸表上で再度行う必要はない）
③　①，②以外	必要（個別財務諸表の将来減算一時差異と連結財務諸表固有の将来減算一時差異を合算して連結財務諸表上で再度繰延税金資産の回収可能性の判断を行う）

(注)　個別財務諸表上において，個別財務諸表上の将来減算一時差異に係る繰延税金資産の回収可能性の判断が行われているとの前提に基づいている。

図表3-6　連結財務諸表固有の一時差異の例示と繰延税金資産の回収可能性

	認識される税効果	繰延税金資産の回収可能性判断上の取扱い
1．税務上損金として認められる貸倒引当金の減額修正	繰延税金負債	スケジューリング可能であるならば，債権者の将来加算一時差異の解消額に含めることができる。

2．子会社の資産および負債の評価差額	繰延税金資産	評価差額の帰属する子会社の将来の課税所得等に基づき回収可能性を判断。
	繰延税金負債	スケジューリング可能であるならば，評価差額の帰属する子会社の将来加算一時差異の解消額に含めることができる。
3．子会社の投資の評価減	繰延税金負債	当該評価損が税務上の損金算入要件を満たしていない場合で，個別財務諸表で当該一時差異に対する繰延税金資産を計上しているときは，当該評価損の消去に係る連結財務諸表固有の一時差異に対して当該繰延税金資産と同額の繰延税金負債を計上し，繰延税金資産と相殺する。
4．子会社への投資	繰延税金資産	原則として計上しない。 ただし，以下の2つの要件をいずれも満たす場合は計上する。 (1)　当該将来減算一時差異が，以下①②のいずれかの場合により解消される可能性が高い場合 　①　予測可能な将来の期間に，子会社に対する投資の売却等（他の子会社への売却の場合を含む）を行う意思決定または実施計画が存在する場合 　②　個別財務諸表において計上した子会社株式の評価損について，予測可能な将来の期間に，税務上の損金に算入される場合 (2)　税効果会計適用指針第8項(3)に従って当該将来減算一時差異に係る繰延税金資産に回収可能性があると判断される場合
	繰延税金負債	スケジューリング可能であるならば，親会社の将来加算一時差異の解消額に含めることができる。

2．子会社株式の取得時に存在した将来減算一時差異等のうち，繰延税金資産の回収見込額が修正された場合の取扱い

　子会社株式の取得時点において存在した子会社の将来減算一時差異または繰越欠損金のうち，将来年度の課税所得の見積りの変更等によって繰延税金資産の回収見込額が変わる場合があります。この場合の取扱いについては，「連結財務諸表における資本連結手続に関する実務指針」（日本公認会計士協会会計制度委員会報告第7号）の第32-2項において以下のように定められています。

⑴　子会社株式の取得日の属する連結会計年度における修正の場合

　のれんの額を修正します。

⑵　子会社株式の取得日の属する連結会計年度の翌年度以降における修正の場合

　原則として，法人税等調整額に計上します。ただし，その修正内容が，明らかに子会社株式の取得日の属する連結会計年度における繰延税金資産の回収見込額の修正と考えられるとき（子会社株式取得日以後1年以内に行われたものに限ります）は，子会社株式の取得日の属する連結会計年度ののれんの額を修正します。

3．重要性の乏しい連結子会社等における繰延税金資産の回収可能性

　連結財務諸表を構成する連結子会社（および持分法適用会社）における繰延税金資産の回収可能性の判断は，原則として，親会社と同様に将来年度の課税所得の見積額に基づいて行うこととなります。

　しかし，「企業規模が小さく，税効果会計の連結財務諸表に与える影響額の重要性が乏しい連結子会社等の場合における繰延税金資産」について，旧監査委員会報告第66号では，例えば簡便的に当該会社の期末の一時差異等の合計額と過去5年間の課税所得の合計額のいずれか少ない額に法定実効税率を乗じた額を計上している場合には，当該繰延税金資産は回収可能性があると判断できるとされていました。

　改正後の税効果会計適用指針では，一般的に，重要性が乏しい場合には，重要性の原則により簡便な方法によることも認められるため，特段の定めを設け

る必要性は低いと考え，旧監査委員会報告第66号の定めを踏襲していません。ただし，「企業規模が小さく，税効果会計の連結財務諸表に与える影響額の重要性が乏しい連結子会社等の場合における繰延税金資産」について，旧監査委員会報告第66号で認められていた方法によることを妨げるものではないとしています（回収可能性適用指針99）。

Q3-4　持分法を適用する場合の税効果会計

Q	持分法を適用する場合の税効果会計の会計処理と留意点について教えてください。
A	持分法の適用に際しては，被投資会社の財務諸表の修正や資産および負債の評価に伴う税効果会計の適用を含めて，原則として連結子会社の場合と同様の処理を行うこととなります。

解説

　持分法の適用に際しては，被投資会社の財務諸表の修正や資産および負債の評価に伴う税効果会計の適用を含めて，原則として連結子会社の場合と同様の処理を行うこととなります（持分法会計基準8）。

　そのため，基本的には連結子会社における取扱いと同様になりますが，以下の点に留意が必要です。

- 持分法適用会社が売手側となって発生した未実現利益の消去に係る一時差異については，持分法適用会社において繰延税金資産を計上することとなりますが，当該一時差異は持分法適用会社の売却年度の課税所得額を超えていないことを確かめる必要があります。
- 投資会社が売手側となって発生した未実現利益の消去に係る一時差異については，持分法適用会社における将来の売却または償却により実現することになります。そのため，当該将来減算一時差異に基づき繰延税金資産を計上することとなりますが，一時差異について投資会社の売却年度の課税

　　所得額を超えていないことを確認する必要があります。

　以上に関して，設例を用いて会計処理を解説します。

設例3-3　持分法を適用する場合の税効果会計

（前提条件）

- 法定実効税率は30％（投資会社P社，持分法適用会社S社）
- P社はS社へ100出資し，20％の出資比率を有している。
- X1年におけるS社純利益は50である。
- X1年のS社貸借対照表において当期P社から購入した棚卸資産が100（売上総利益率50％）含まれている。
- 一時差異はP社の課税所得以下である。

（会計処理）

＜純利益の持分額に関する仕訳＞

（借）投資有価証券	10	（貸）持分法による投資利益	10

純利益50×持分比率20％＝10

＜棚卸資産に含まれる未実現利益の消去仕訳＞

（借）売上高	10	（貸）投資有価証券	10

棚卸資産100×売上総利益率50％×持分比率20％＝10

＜未実現利益消去に係る税効果認識＞

（借）繰延税金資産	3	（貸）法人税等調整額	3

未実現利益10×法定実効税率30％＝3

ここ注意！

　上記以外の留保利益や受取配当金などの取扱いについても，連結子会社と基本的に同様の考え方となります。

第4章

連結財務諸表における
税効果会計の個別論点

Point

- 連結決算手続の結果として生じる連結財務諸表固有の一時差異は，その内容により取扱いが異なります。
- 未実現損益の消去に係る一時差異については，個別財務諸表において未実現損益が発生した連結会社と，一時差異の対象となった資産を保有している連結会社が相違しており，この点で他の一時差異とは性質が異なります。

Q4-1 一時差異（未実現損益）の会計処理

Q 一時差異（未実現損益）の会計処理について教えてください。

A 連結手続上，未実現損益の消去が行われると，売却された資産の連結貸借対照表上の価額と購入側の連結会社の個別貸借対照表上の資産額との間に一時差異が生じますので，税効果を認識しなければなりません。

解説

　連結会社間の取引に伴い生じた未実現損益について，連結決算手続上は基本的にその全額が消去されます。

　ここで，売却元の連結会社においては，売却年度に資産に係る売却益（または資産に係る売却損）に対して課税され，当該会社の個別財務諸表上，当該税金の納付額（または当該税金の軽減額）が法人税等に計上されます。一方で，連結財務諸表において，当該未実現損益が実現した時には，売却元の連結会社において，当該資産に係る売却益（または資産に係る売却損）に対しては課税されません（税効果会計適用指針126）。

　また，連結決算手続上，未実現損益が消去されると，売却された資産の連結貸借対照表上の額と購入側の連結会社における個別貸借対照表上の当該資産の額との間に一時差異が生じます（税効果会計適用指針127）。

　このように，未実現損益の消去に係る一時差異については，個別財務諸表において未実現損益（資産に係る売却損益）が発生した連結会社と，一時差異の対象となった資産を保有している連結会社が相違しており，この点で他の一時差異とは性質が異なります（税効果会計適用指針128）。

　すなわち，売却元の連結会社の個別財務諸表においては，未実現損益の発生年度に当該未実現損益（資産に係る売却損益）に対して課税されており，将来において未実現損益の消去に係る税金を減額または増額させる効果は有しません。同様に，購入側の連結会社においては，個別貸借対照表上に計上されている購入した資産の額と課税所得計算上の資産の額とは原則として一致しており，一時差異は生じていません。

　しかしながら，連結決算手続上，消去された未実現損益は，連結財務諸表固有の一時差異に該当するため，繰延税金資産または繰延税金負債を計上します（税効果会計適用指針129）。

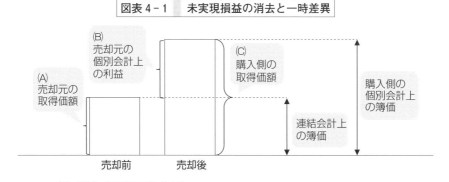

図表 4-1　未実現損益の消去と一時差異

(C)−(A)が一時差異を構成する。
(B)については売却元において課税関係がすでに終了している。

1．未実現損益の消去に係る一時差異に関する繰延税金資産または繰延税金負債の計算に用いる税率

　未実現損益の消去に係る一時差異に関する繰延税金資産または繰延税金負債の計算に用いる税率には，税効果会計の原則的な処理である資産負債法ではなく，例外的に繰延法が採用されています。したがって，未実現損益が発生した売却元の連結会社に適用された税率によることとなります（税効果会計適用指針89(2)，131，137）。

　このため，未実現損益の消去に係る一時差異は，購入側の連結会社の保有する資産に関連していますが，当該連結会社における税効果の計算には影響させません。また，売却元の連結会社に適用されている税率が変更されても，売却元の連結会社において売却年度に未実現損益（資産に係る売却損益）に対して課税されているため，当該税率の変更に伴う繰延税金負債または繰延税金資産の額の見直しは行いません（税効果会計適用指針138）。

2．未実現利益に係る一時差異

　未実現利益の消去に係る連結財務諸表固有の将来減算一時差異については，売却元の連結会社において売却年度に納付した当該未実現利益に係る税金の額を繰延税金資産として計上します。計上した繰延税金資産については，当該未実現利益の実現に応じて取り崩します（税効果会計適用指針34前段）。

3．未実現損失に係る一時差異

　未実現損失の消去に係る連結財務諸表固有の将来加算一時差異については，売却元の連結会社において売却年度に軽減された当該未実現損失に係る税金の額を繰延税金負債として計上します。計上した繰延税金負債については，当該未実現損失の実現に応じて取り崩します（税効果会計適用指針34後段）。

4．計上限度額

　繰延税金資産の計上対象となる当該未実現利益の消去に係る将来減算一時差異の額については，売却元の連結会社の売却年度における課税所得の額を上限とします（税効果会計適用指針35後段）。また，未実現損失の消去に係る繰延税金負債を計上するにあたって，繰延税金負債の計上対象となる当該未実現損失の消去に係る将来加算一時差異の額については，売却元の連結会社の売却年度における当該未実現損失に係る税務上の損金を算入する前の課税所得の額を上限とします（税効果会計適用指針36）。つまり，未実現損益の消去に係る一時差異の額は，以下の2つの金額の合計額または差引額を限度としなければなりません（税効果会計適用指針139）。

- 売却元における税金の納付額または軽減額
- 未実現損益に関連する一時差異の解消に係る税効果

図表4−2　売却元における税金の納付額または軽減額

① 税金の納付額
　売却元の課税所得（税率30%）
　課税所得（繰越欠損金控除後）　△20
　未実現利益の計上　　　　　　　100

課税所得（未実現利益計上後）　　80

　未実現利益に係る税効果額は，80（＜100）×30％＝24になる。

② 税金の軽減額

売却元の課税所得（税率30％）

課税所得（繰越欠損金控除後）　　80

未実現損失の計上　　　　　　　　100

課税所得（未実現損失計上後）　△20

　未実現損失に係る税効果額は，80（＜100）×30％＝24になる。

設例 4 − 1　未実現損益に関連する一時差異の解消に係る税効果

（前提条件）

- 前期に評価減した棚卸資産（会計上の簿価100，税務上の簿価250）を親会社（P社）から連結子会社へ300で売却し，未実現利益200が発生している。
- 売却元の課税所得は20である。
- 売却元では，前期末において棚卸資産に係る繰延税金資産45（一時差異150×法定実効税率30％）の回収可能性はあると判断されている。
- 法人税等の法定実効税率は，前期および当期とも30％である。

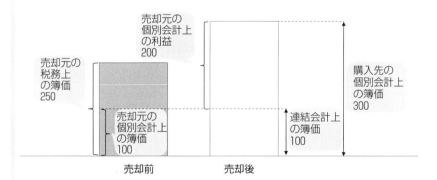

（会計処理）

（借）　繰 延 税 金 資 産	51	（貸）　法 人 税 等 調 整 額	51
（　P　社　）		（　P　社　）	

1．売却元における税金の納付額

売却元の課税所得

課税所得（繰越欠損金控除後）	△180
未実現利益の計上	200
課税所得（未実現利益計上後）	20

　未実現利益に係る税効果額は，課税所得20（＜将来減算一時差異200）に法定実効税率30％を乗じた金額6になります。

2．未実現損益に関連する一時差異の解消に係る税効果

　売却元の個別財務諸表上に計上された法人税等調整額（借方）は，取り崩された将来減算一時差異150（＝250－100）に法定実効税率30％を乗じた金額45になります。

　したがって，計上限度額は以下のようになります。

　計上限度額6＋45＝51

5．回収可能性

　未実現利益の消去に係る繰延税金資産を計上するにあたっては，その回収可能性を判断しません（税効果会計適用指針35前段）。これは，前述のとおり，他の一時差異と性質が異なり，売却元の連結会社の個別財務諸表で計上し，納付した税金費用を繰り延べるという，繰延法を採用しているためです。

図表4-3　未実現損益の消去に伴う税効果

	内　　容
①計上	未実現利益（損失）×売却元の法定実効税率。ただし，計上限度額が存在する。
②取崩し	未実現利益（損失）の実現に対応して取り崩す。
③税率変更の影響	繰延税金資産および繰延税金負債の再計算は不要。
④回収（支払）可能性	回収可能性の判断は不要。

6．非支配株主への負担按分（アップストリーム）

　連結財務諸表固有の一時差異に対して法人税等調整額を計上する場合，当該連結財務諸表固有の一時差異が生じた子会社に非支配株主が存在するときには，親会社持分と非支配株主持分に配分します（税効果会計適用指針10）。

図表 4 − 4　　未実現損益に係る仕訳調整

【前提】アップストリームの未実現利益100（非支配株主持分20%，法定実効税率30%）

	親会社	非支配株主
未実現損益の消去	（借）売上原価　100 （貸）棚卸資産　100	（借）非支配株主持分　20 （貸）非支配株主損益　20
上記に係る税効果	（借）繰延税金資産　30 （貸）法人税等調整額　30	（借）非支配株主損益　6 （貸）非支配株主持分　6

　　：非支配株主への負担（20%）

　　：税効果（30%）

ここ注意！

　税効果会計基準では，税効果会計の方法として資産負債法によることとされ，会計上の資産または負債の額と課税所得計算上の資産または負債の額に差異が生じている場合において，法人税等の額を適切に期間配分することが定められています（税効果会計適用指針88）。しかし，未実現損益の消去に係る税効果会計については，資産負債法の例外として繰延法が採用されています（税効果会計適用指針131）。平成30年2月に「『税効果会計に係る会計基準』の一部改正」や「税効果会計に係る会計基準の適用指針」が公表されるまでに，繰延法も資産負債法も一定の論拠があることを前提に，未実現損益の消去に係る税効果会計について資産負債法に変更するかにつき企業会計基準委員会において審議が行われました。結果として繰延法の採用を継続することとなりました（税効果会計適用指針131から136）。

Q4-2 一時差異（債権と債務の相殺消去に伴い減額修正される貸倒引当金）の会計処理

Q	一時差異（債権と債務の相殺消去に伴い減額修正される貸倒引当金）の会計処理について教えてください。
A	連結手続において，連結会社相互間の債権債務の相殺消去が行われた場合には，相殺された債権に対応する貸倒引当金が減額修正されます。その結果，減額修正される貸倒引当金が，税務上損金として認められたものである場合，将来加算一時差異が発生します。一方，減額修正される貸倒引当金が税務上損金として認められず所得に加算されている場合には，個別財務諸表上で発生した将来減算一時差異が消滅します。

解 説

　連結手続において，連結会社相互間の債権債務の相殺消去が行われた場合には，相殺された債権に対応する貸倒引当金が減額修正されます。その結果，減額修正される貸倒引当金が税務上損金として認められたものである場合，個別貸借対照表上の貸倒引当金と税務上の貸倒引当金との間に差異はありませんが，連結貸借対照表上の貸倒引当金は税務上の貸倒引当金より小さくなるため，将来加算一時差異が発生します。

　一方，減額修正される貸倒引当金が税務上損金として認められず所得に加算されている場合には，個別貸借対照表上の貸倒引当金は税務上の貸倒引当金より大きくなるため，個別財務諸表上，将来減算一時差異が発生しています。しかし，連結手続上，貸倒引当金の減額修正が行われると，連結貸借対照表上の貸倒引当金は当該修正額だけ小さくなるため，結果として税務上の貸倒引当金に一致し，個別財務諸表上で発生した将来減算一時差異は消滅します（税効果会計適用指針125(1)(3)）。

図表4－5　　債権と債務の相殺消去に伴い減額修正された貸倒引当金

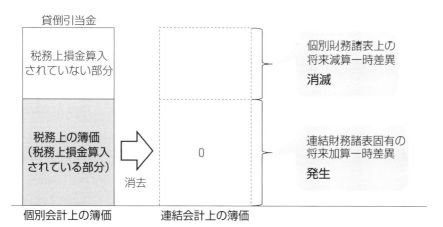

1．税務上の損金算入要件を満たしている貸倒引当金

　個別財務諸表において連結会社に対する債権に貸倒引当金を計上し，当該貸倒引当金繰入額について税務上の損金算入の要件を満たしている場合（過去に税務上の損金に算入された場合を含みます）があります。このとき，連結決算手続上，債権と債務の相殺消去に伴い当該貸倒引当金が修正されたことにより生じた当該貸倒引当金に係る連結財務諸表固有の将来加算一時差異に対して，原則として，繰延税金負債を計上します。この場合，債権者側の連結会社に適用される法定実効税率を用いて計算します。ただし，債務者である連結会社の業績が悪化している等，将来において当該将来加算一時差異に係る税金を納付する見込みが極めて低いときは，当該連結財務諸表固有の将来加算一時差異に係る繰延税金負債を計上しません（税効果会計適用指針33）。

2．税務上の損金算入要件を満たしていない貸倒引当金

　個別財務諸表において連結会社に対する債権に貸倒引当金を計上し，当該貸倒引当金繰入額について税務上の損金算入の要件を満たしていない場合であって，当該貸倒引当金繰入額に係る将来減算一時差異の全部または一部に対して繰延税金資産が計上されているときがあります。この場合，連結決算手続上，

債権と債務の相殺消去に伴い当該貸倒引当金が修正されたことにより生じた当該貸倒引当金に係る連結財務諸表固有の将来加算一時差異に対して，当該繰延税金資産と同額の繰延税金負債を計上します。当該繰延税金負債については，個別財務諸表において計上した貸倒引当金繰入額に係る将来減算一時差異に対する繰延税金資産と相殺します。

　また，個別財務諸表において連結会社に対する債権に貸倒引当金を計上し，当該貸倒引当金繰入額について税務上の損金算入の要件を満たしていない場合であって，当該貸倒引当金繰入額に係る将来減算一時差異に対して繰延税金資産が計上されていないときは，連結決算手続上，債権と債務の相殺消去に伴い当該貸倒引当金が修正されたことにより生じた当該貸倒引当金に係る連結財務諸表固有の将来加算一時差異に対して繰延税金負債を計上しません（税効果会計適用指針32）。

図表 4 - 6　　貸倒引当金の税効果

	個別財務諸表		連結財務諸表	
	一時差異	税効果	一時差異	税効果
税務上の損金算入の要件を満たしている貸倒引当金	一時差異は存在しない。	一時差異が存在しないため，繰延税金資産を計上しない。	将来加算一時差異が存在する。	原則として，繰延税金負債を計上する。ただし，将来において当該将来加算一時差異に係る税金を納付する見込みが極めて低いときには計上しない。
税務上の損金算入の要件を満たしていない貸倒引当金	将来減算一時差異が存在する。	将来減算一時差異が存在するため，回収可能性を判断したうえで繰延税金資産を計上する。	一時差異は存在しない。	個別財務諸表で計上していれば，同額の繰延税金負債を計上したうえで相殺する。

Q4-3　子会社の資産および負債の時価評価による評価差額

Q	一時差異（子会社の資産および負債の時価評価による評価差額）の会計処理について教えてください。
A	資本連結手続上，支配獲得日の時価をもって評価対象となった子会社の資産および負債の連結貸借対照表上の価額と，個別貸借対照表上の資産および負債との間の差異は，連結財務諸表固有の一時差異に該当します。

解 説

　資本連結手続において，子会社の資産および負債は，支配獲得日の時価をもって評価され，その評価差額（個別財務諸表において資本または損益に計上されたものを除きます）は資本として処理されます。当該評価差額は親会社の投資と子会社の資本との相殺消去および非支配株主持分への振替により全額消去されますが，評価対象となった子会社の資産および負債の連結貸借対照表上の価額と個別貸借対照表上の価額との間に差異が生じます。当該差異は連結財務諸表固有の一時差異に該当します（税効果会計適用指針101）。

図表 4 - 7　　子会社の資産および負債の評価差額

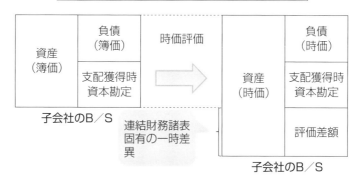

1．子会社の資産の評価と会計処理

　資本連結手続において，子会社の資産（または負債）を時価評価し，資産の

評価減（または負債の評価増）が生じた場合，当該評価減（または評価増）に係る連結財務諸表固有の将来減算一時差異について，後述のように回収可能性を判断し，繰延税金資産を計上します。

　また，資本連結手続において，子会社の資産または負債を時価評価し，資産の評価増（または負債の評価減）が生じた場合，当該評価増（または評価減）に係る連結財務諸表固有の将来加算一時差異について，繰延税金負債を計上します（税効果会計適用指針18）。

２．評価差額の計上金額

　資産または負債の評価替えにより生じた評価差額等（純資産の部会計基準第8項に定める評価・換算差額等をいいます）を直接純資産の部に計上する場合，当該評価差額等に係る一時差異に関する繰延税金資産および繰延税金負債の差額については，年度の期首における当該差額と期末における当該差額の増減額を，純資産の部の評価・換算差額等を相手勘定として計上します（税効果会計適用指針9(1)）。

　つまり，資本連結に際して計上された評価差額に係る繰延税金資産および繰延税金負債は，純資産の部に計上された評価差額から控除されるため，損益計算書の法人税等調整額を経由しないことになります。

３．時価評価した子会社の資産（または負債）の償却または売却（または決済）

　資本連結手続において，時価評価した子会社の資産（または負債）を償却または売却（または決済）した場合，当該資産を償却した年度または売却した年度（または当該負債を決済した年度）に，資産および負債の時価評価による評価差額に係る一時差異の解消に応じて，法人税等調整額を相手勘定として繰延税金資産または繰延税金負債を取り崩します（税効果会計適用指針19）。評価差額を直接修正しないのは，過去ののれんの計算に影響を与えないようにするためです。

4．税率変更があった場合

　税率変更があった場合は，評価差額に係る税効果は，資産負債法に基づいているため，各子会社の税率の変更に伴い繰延税金資産または繰延税金負債の残高が増減することになります。この場合の修正差額は，当該税率が変更された連結会計年度において，法人税等調整額を相手勘定として計上します（税効果会計適用指針52）。

5．回収可能性

　連結決算手続においては，連結財務諸表における繰延税金資産および繰延税金負債として，連結財務諸表固有の一時差異が生じた納税主体ごとに，当該連結財務諸表固有の一時差異に係る税金の見積額を計上します。

　連結財務諸表固有の将来減算一時差異（未実現利益の消去に係る将来減算一時差異を除きます）に係る繰延税金資産は，納税主体ごとに個別財務諸表における繰延税金資産（繰越外国税額控除に係る繰延税金資産を除きます）と合算し，回収可能性を判断したうえで計上します（税効果会計適用指針8(3)）。

　つまり，評価差額に係る繰延税金資産はそれぞれの子会社に生じた一時差異であるため，その回収可能性は，当該子会社ごとに他の個別財務諸表上生じた繰延税金資産と合わせて再度検討することになります。

| 図表4-8 | 子会社の資産および負債の評価差額に係る税効果 |

	内　容
①計上	評価差益（差損）×各子会社の法定実効税率により計算。繰延税金資産および繰延税金負債の計上額を評価差額に加減する。
②取崩し	評価差益（差損）の実現に対応して取り崩す。繰延税金資産および繰延税金負債の取崩額を法人税等調整額に加減する。
③税率変更の影響	繰延税金資産および繰延税金負債の再計算が必要。修正額を法人税等調整額に加減する。
④回収（支払）可能性	各子会社ごとに回収可能性の判断が必要。

Q4-4 のれん

Q	一時差異（のれん）の会計処理について教えてください。
A	子会社株式等の取得に伴い，資本連結手続上，認識したのれんまたは負ののれんについては，繰延税金負債または繰延税金資産を計上しません。のれんの償却額または負ののれんの利益計上額に係る連結財務諸表固有の将来減算一時差異または将来加算一時差異の解消時において繰延税金資産または繰延税金負債を認識する場合があります。

解説

1. 支配獲得時ののれん

　支配獲得時における資本連結手続上，子会社への投資額と子会社純資産の親会社持分額との間に差額が生じている場合は，連結会計基準では「のれん」または「負ののれん」として，連結貸借対照表上の無形固定資産または「負ののれん」が生じた事業年度の利益に計上することとされています（連結会計基準24，企業結合会計基準32，33）。ここで，のれんまたは負ののれんについては，税務上の資産または負債の計上も，その償却額の損金または益金算入も認められておらず，子会社における個別貸借対照表上の簿価は存在しないことから一時差異が生じます（税効果会計適用指針145⑴）。しかしながら，これらについては，繰延税金負債または繰延税金資産を計上しません（税効果会計適用指針43）。

　なお，この一時差異が，親会社における一時差異を観念したものではなく（親会社においては，このこののれんは子会社株式の個別会計上の簿価に含まれるものであるため一時差異には該当しません。親会社においては，後述しますが，のれんの償却によって連結会計上の簿価と個別会計上の簿価との間に乖離が生じた場合にのみ一時差異となります），子会社におけるのれんとして観念された一時差異のことを指している点に注意が必要です。そもそも，このこののれんの測定が親会社による投資原価と子会社の時価純資産との差額にすぎない以上，のれんそれ自体を循環的に算定することの意味が乏しいため，税効果は認識し

ないこととされています（税効果会計適用指針145⑵）。

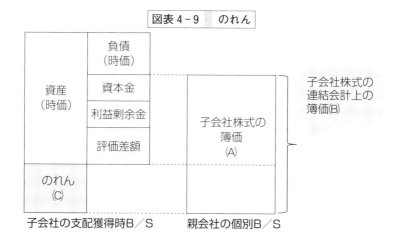

図表4-9　のれん

親会社においては，(A)＝(B)であるため，一時差異は生じていない。
子会社において，(C)相当額の一時差異が生じている。

> **参考）循環的に算定した「のれん」**
>
> 「のれん」に税効果を考慮すると，その循環的な関係から「のれん」は(C)÷（1－法定実効税率）とすべきですが，税効果会計適用指針に準拠すれば考慮する必要はありません。

2．のれんの償却額

　のれんの償却額に係る連結財務諸表固有の将来減算一時差異は，子会社に対する投資の連結貸借対照表上の価額が親会社の個別貸借対照表上の投資簿価を下回ることによる差異であり，主に親会社による投資の売却によって解消します。

　この将来減算一時差異は，例えば，親会社が投資をすべて売却した場合，売却直前の個別貸借対照表上の子会社株式の投資簿価が連結貸借対照表上の子会社に対する投資の価額より大きくなるため，個別損益計算書上の子会社株式の売却益（損）が小さく（大きく）なり，納付する税金を減額させる効果を有し

ます。

したがって，稀ではありますが，のれんの償却年度において予測可能な将来の期間に当該投資の売却を行う意思決定が行われた場合，のれんの償却額に係る一時差異に関する繰延税金資産について，回収可能性を判断したうえで計上します（税効果会計適用指針107(3)①）。

3．負ののれんの利益計上額

負ののれんの利益計上額に係る連結財務諸表固有の将来加算一時差異は，子会社に対する投資の連結貸借対照表上の価額が親会社の個別貸借対照表上の投資簿価を上回ることによる差異です。

この将来加算一時差異は，例えば，将来において親会社が当該投資を第三者にすべて売却することにより納付する税金を増額させる効果をもちます。

したがって，負ののれんの利益計上額に係る繰延税金負債については，親会社が子会社に対する投資の売却等を自身で決定でき，かつ予測可能な将来の期間にその売却を行う意思がない場合を除き，追加で納付が見込まれる税金の額を繰延税金負債として（**Q4-7の3**参照）計上します（税効果会計適用指針107(3)②）

Q4-5 子会社株式の評価損

Q 一時差異（子会社株式の評価損）の会計処理について教えてください。

A 親会社の個別財務諸表において子会社株式の評価損が計上される場合，当該評価損が資本連結手続によって消去されることにより，当該評価損の消去に伴う連結財務諸表固有の将来加算一時差異が生じます。この将来加算一時差異については，子会社株式の評価損に係る税務上の取扱いにより処理が異なります。

解　説

　親会社の個別財務諸表において子会社株式の評価損が計上される場合，当該評価損が資本連結手続によって消去されることにより，当該評価損の消去に伴う連結財務諸表固有の将来加算一時差異が生じます。この将来加算一時差異については，子会社株式の評価損に係る税務上の取扱いに応じて処理することとなります（税効果会計適用指針102前段）。

1．評価損が税務上の損金算入の要件を満たしていない場合

　個別財務諸表において子会社株式の評価損を計上し，当該評価損について税務上の損金算入の要件を満たしていない場合であって，当該評価損に係る将来減算一時差異の全部または一部に対して繰延税金資産が計上されているときは，資本連結手続に伴い生じた当該評価損の消去に係る連結財務諸表固有の将来加算一時差異に対して，当該繰延税金資産と同額の繰延税金負債を計上します。当該繰延税金負債については，個別財務諸表において計上した子会社株式の評価損に係る将来減算一時差異に対する繰延税金資産と相殺します（税効果会計適用指針20本文）。

　この取扱いにより計上される繰延税金負債の額は，個別貸借対照表において計上された繰延税金資産の額と一致します。つまり，連結財務諸表上，子会社に対する投資について一時差異が生じていないことと同様になります（税効果会計適用指針102後段）。

　なお，個別財務諸表において繰延税金資産が計上されていないときは，資本連結手続に伴い生じた当該評価損の消去に係る連結財務諸表固有の将来加算一時差異に対して繰延税金負債を計上しないこととなります（税効果会計適用指針20また書き）。

2．評価損が税務上の損金算入要件を満たしている場合

　個別財務諸表において子会社株式の評価損を計上し，当該評価損について税務上の損金算入の要件を満たしている場合（過去に税務上の損金に算入された場合を含みます），資本連結手続に伴い生じた当該評価損の消去に係る連結財務諸表固有の将来加算一時差異に対して繰延税金負債を計上しません（税効果

会計適用指針21）。すなわち，親会社の個別財務諸表では株式評価損に係る繰延税金資産は計上されていないため，連結財務諸表上で株式評価損を全額戻し入れますが，繰延税金負債の計上は不要となります。

図表4-10　子会社株式の評価損の税効果

	個別財務諸表		連結財務諸表	
	一時差異	税効果	一時差異	税効果
税務上の損金算入の要件を満たしていない評価損	将来減算一時差異が存在する。	将来減算一時差異が存在するため，回収可能性を判断したうえで繰延税金資産を計上する。	将来加算一時差異が存在する。	個別財務諸表で計上した繰延税金資産と同額の繰延税金負債を計上する。
税務上の損金算入の要件を満たす評価損	一時差異は存在しない。	一時差異が存在しないため，繰延税金資産を計上しない。	将来加算一時差異が存在する。	繰延税金負債は計上しない。

Q4-6　子会社に対する投資

> **Q** 一時差異（子会社に対する投資）の会計処理について教えてください。

> **A** 子会社への投資後において，子会社が計上した損益，為替換算調整勘定および「のれん」の償却等により，投資の連結貸借対照表上の価額が変動した結果，子会社への投資の連結貸借対照表上の価額と，親会社の個別貸借対照表上の投資簿価との間に発生した差額について，将来，税金の増減効果が生じる場合には，連結財務諸表固有の一時差異に該当します。

解 説

　子会社に対し投資を行った時は，通常，親会社の個別貸借対照表上の投資簿価と当該投資の連結貸借対照表上の価額とは一致し（当該子会社株式の取得原価に含まれる取得関連費用を除きます），連結財務諸表上，子会社に対する投資に係る一時差異は生じません（税効果会計適用指針103）。

　しかし，投資後に子会社が計上した損益，為替換算調整勘定，のれんの償却等により，子会社に対する投資の連結貸借対照表上の価額が変動します。

　その結果，親会社の個別貸借対照表上の投資簿価と当該投資の連結貸借対照表上の価額の間に差額が生じます。当該差額は，以下の場合に親会社において納付する税金を増額または減額する効果を有します。

- 子会社が親会社に配当を実施する場合
- 親会社が保有する投資について，第三者に売却するか，または個別財務諸表上の評価損を計上することにより，税務上の損金に算入される場合

　このように将来の会計期間に親会社において納付する税金を増額または減額する効果を有する場合，親会社の個別貸借対照表上の投資簿価と，子会社に対する投資の連結貸借対照表上の価額との差額は，連結財務諸表固有の一時差異に該当します（税効果会計適用指針104）。

図表4-11　子会社に対する投資に係る一時差異

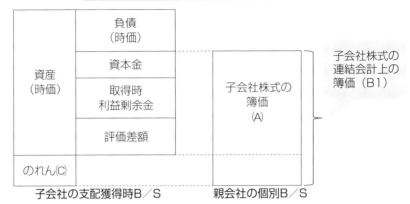

（B1）＝(A)であるため，連結財務諸表固有の一時差異は発生しない

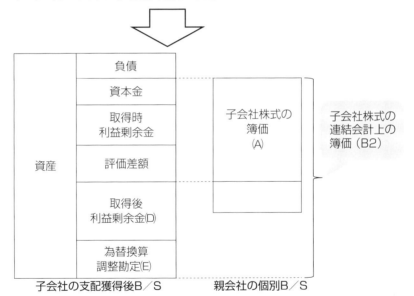

（B2）＝(A)－(C)＋(D)＋(E)であり，－(C)＋(D)＋(E)が連結財務諸表固有の
一時差異を構成する

（注）1　取得時純資産勘定（資本金，取得時利益剰余金，評価差額）には変動がないもの
　　　　とする。
　　　2　子会社株式は支配獲得時にすべて取得したものとする。
　　　3　「のれん」はすべて償却済みとする。

4　取得時利益剰余金についても，一時差異が生じることがある（税効果会計適用指針113）。

1．子会社に対する投資に係る連結財務諸表固有の将来減算一時差異

　子会社に対する投資の連結貸借対照表上の価額が親会社の個別貸借対照表上の投資簿価を下回る場合，連結財務諸表固有の将来減算一時差異が生じることとなります（税効果会計適用指針105）。

　この連結財務諸表固有の将来減算一時差異については，原則として，連結決算手続上，繰延税金資産を計上しません。ただし，以下のいずれも満たす場合は，繰延税金資産を計上します（税効果会計適用指針22）。

(1) 当該将来減算一時差異が，次のいずれかの場合により解消される可能性が高い（スケジューリング要件）。
　① 予測可能な将来の期間に，子会社に対する投資の売却等（他の子会社への売却の場合を含む）を行う意思決定または実施計画が存在する場合
　② 個別財務諸表において計上した子会社株式の評価損について，予測可能な将来の期間に，税務上の損金に算入される場合
(2) 税効果会計適用指針第8項(3)（Q3-3の1参照）に従って当該将来減算一時差異に係る繰延税金資産に回収可能性があると判断される（課税所得要件）。

2．子会社に対する投資に係る連結財務諸表固有の将来加算一時差異

　子会社に対する投資の連結貸借対照表上の価額が親会社の個別貸借対照表上の投資簿価を上回る場合，連結財務諸表固有の将来加算一時差異が生じることになります。当該将来加算一時差異については，以下のとおり（またはQ4-7記載の方法で）処理します（税効果会計適用指針106）。

　子会社に対する投資に係る連結財務諸表固有の将来加算一時差異のうち，税効果会計適用指針第24項（Q4-7参照）に定めた解消事由以外により解消されるものについては，以下のいずれも満たす場合を除き，将来の会計期間において追加で納付が見込まれる税金の額を繰延税金負債として計上します（税効果会計適用指針23）。

- 親会社が子会社に対する投資の売却等を当該親会社自身で決めることができる。
- 予測可能な将来の期間に，子会社に対する投資の売却等（他の子会社への売却の場合を含む）を行う意思がない。

図表 4 -12　子会社投資に係る連結財務諸表固有の一時差異の解消理由

連結財務諸表固有の一時差異の類型	一時差異の解消理由		
	売却	評価損	配当
将来減算一時差異	○	○	─
将来加算一時差異（Q 4 - 7 参照。子会社の留保利益に係るもので，親会社が当該留保利益を配当金として受け取ることで解消）	─	─	○
将来加算一時差異（上記以外）	○	─	─

図表 4 -13　解消理由と会計処理

	原則	例　外
売却	認識しない。	予測可能な将来，子会社に対する投資の売却等を行う意思決定または実施計画が存在する場合のみ認識する（※1）。
評価損	認識しない。	予測可能な将来に税務上の損金に算入される場合のみ認識する（※1）。
配当（Q 4 - 7 参照）	認識する（※2）。	親会社が当該子会社の利益を配当しない方針を採用している場合または子会社の利益を配当しない方針について他の株主等との間に合意がある場合等，将来の会計期間において追加で納付する税金が見込まれない可能性が高いときは，繰延税金負債を計上しない。

（※1）　適用される税率は，親会社（一時差異が帰属する連結会社）の税率になる。
（※2）　将来の会計期間において追加で納付が見込まれる税金の額を繰延税金負債として計上する。

Q4-7 留保利益に係る一時差異

> **Q** 一時差異（留保利益）の会計処理について教えてください。
>
> **A** 子会社の留保利益に係るもので，親会社が当該留保利益を配当金として受け取ることにより解消されるものについては，一定の要件に該当する場合，将来の会計期間において追加で納付が見込まれる税金の額を繰延税金負債として計上します。

解 説

1．留保利益の配当に係る一時差異と会計処理

　子会社に対する投資に係る連結財務諸表固有の将来加算一時差異のうち，子会社の留保利益（親会社の投資後に増加した子会社の利益剰余金で，このうち親会社持分相当額に限ります）に係るもので，親会社が当該留保利益を配当金として受け取ることにより解消されるものについては，以下のいずれかに該当する場合，将来の会計期間において追加で納付が見込まれる税金の額を繰延税金負債として計上します（税効果会計適用指針24前段）。

(1) 親会社が国内子会社の留保利益を配当金として受け取るときに，当該配当金の一部または全部が税務上の益金に算入される場合
(2) 親会社が在外子会社の留保利益を配当金として受け取るときに，次のいずれかまたはその両方が見込まれる場合
　① 当該配当金の一部または全部が税務上の益金に算入される。
　② 当該配当金に対する外国源泉所得税について，税務上の損金に算入されないことにより追加で納付する税金が生じる。

　ここで，将来の会計期間において追加で納付が見込まれる税金の額には，例えば以下のものが挙げられます（税効果会計適用指針109）。

- 親会社が配当金を受け取ったときに納付が見込まれる税金の額（当該配当金のうち税務上の益金に算入される部分に，親会社における法定実効税率を乗じた額）

> • 在外子会社から受け取る配当金の額に対して課される外国源泉所得税の額

　一方で，親会社が当該子会社の利益を配当しない方針を採用している場合または子会社の利益を配当しない方針について他の株主等との間に合意がある場合等，将来の会計期間において追加で納付する税金が見込まれない可能性が高いときは，繰延税金負債を計上しません（税効果会計適用指針24後段）。

図表 4 -14　　留保利益の配当金に係る税効果

税効果を認識する場合	税効果を認識しない場合
原則的な取扱い。 例えば，①国内子会社または在外子会社で受取配当金の一部または全部が税務上の益金に算入される場合，②在外子会社からの配当金で追加納付税金が発生する場合。	将来の会計期間において追加で納付する税金が見込まれない可能性が高い場合。 例えば，親会社が当該子会社の利益を配当しない方針を採用している場合，または子会社の利益を配当しない方針について他の株主等との間に合意がある場合。

2．配当金により解消される将来加算一時差異

⑴　国内子会社

　国内子会社からの配当金により解消されると見込まれる将来加算一時差異について繰延税金負債を計上するとき，受取配当等の益金不算入制度には限度額が存在するため，これを超過する金額を計算することになります。例えば，連結範囲の判定における支配力基準の導入により子会社株式が税務上の関連法人株式等に該当しない場合や，控除負債利子を認識する場合が想定されます。平成27年度税制改正により見直された結果，図表 4 -15のように算定されます。

図表 4-15	配当金により解消される将来加算一時差異（国内子会社）

① **完全子法人株式等の場合（親会社の持株割合が100%）**

益金不算入額は受取配当金の全額，負債利了控除なし

➡該当なし

② **関連法人株式等の場合（親会社の持株割合が1/3超100%未満）**

益金不算入額は受取配当金の全額，負債利子控除あり

➡ Ⓑ×Ⓒ

③ **その他の株式等の場合（親会社の持株割合が5%超1/3以下）**

益金不算入額は受取配当金の50%，負債利子控除なし

➡ ((Ⓐ×50%) ×Ⓒ

④ **非支配目的株式等の場合（親会社の持株割合が5%以下）**

益金不算入額は受取配当金の20%，負債利子控除なし

➡ ((Ⓐ×80%) ×Ⓒ

Ⓐ＝留保利益
Ⓑ＝控除負債利子の見積金額
Ⓒ＝親会社（一時差異の帰属する連結会社）の法定実効税率

(2)　在外子会社

①　受取配当金

　親会社が在外子会社の留保利益を配当金として受け取るときに，配当金の一部または全部が税務上の益金に算入される場合には，追加で納付が見込まれる税金の額を，繰延税金負債として計上します。

　この税金の額は，当該在外子会社の外貨表示財務諸表に示された留保利益を基に，当該子会社の決算日における為替相場を用いて算定します。なお，子会社の決算日が連結決算日と異なる場合で，かつ，当該子会社が連結決算日に正規の決算に準ずる合理的な手続により決算を行う場合は，当該連結決算日の為替相場を用いて算定することとなります（税効果会計適用指針25）。

　なお，外国子会社配当益金不算入制度の概要は以下のとおりです（財務省「外国子会社配当益金不算入制度の概要」より）。

> 外国子会社配当益金不算入制度は，親会社が外国子会社から受け取る配当を益金不算入とするもの。
> - 対象となる外国子会社は，内国法人の持株割合が25％（租税条約により異なる割合が定められている場合は，その割合）以上で，保有期間が6月以上の外国法人
> - 外国子会社から受け取る配当の額の95％相当額を益金不算入（配当の額の5％相当額は，その配当に係る費用として益金に算入）

② 外国源泉所得税

外国子会社からの配当金に対する外国源泉所得税について，税務上の損金に算入されないことにより追加で納付する税金が生じる場合における外国源泉所得税の額については，追加で納付が見込まれる税額を繰延税金負債として計上します。

この場合は，配当金を支払った外国子会社の所在地国の法令（または日本と当該所在地国で租税条約等が締結されている場合には法令および当該租税条約等）に規定されている税率を用いて計算します。また，当該法令が改正される場合（または当該租税条約等が締結される，もしくは改正される場合），繰延税金資産および繰延税金負債の計算に用いる税法（税効果会計適用指針44）に準じて，当該外国源泉所得税の額を計算します（税効果会計適用指針26）。

③ 配当等の全部または一部が外国子会社の本店所在地国の法令において損金算入することとされている場合

内国法人が外国子会社から受け取る配当等の全部または一部が外国子会社の本店所在地国の法令において損金算入することとされている場合があります。この場合は，受け取る配当等の額について，親会社の個別財務諸表における税負担額から，子会社の個別財務諸表において損金算入され連結上で親会社の税負担額が軽減されると見積られる税額を控除した額を，連結財務諸表上，繰延税金負債として計上することになるものと考えられます（税効果会計適用指針111(1)）。

ここで，損金算入される配当が益金不算入の対象から除外されることに伴い，益金不算入の対象から除外される配当に係る部分の外国源泉税等は損金不算入

の対象外とされます。また，外国税額控除についても，源泉徴収税額のような直接納付外国税額のうち外国税額控除限度額を超過する納付額を，期中において仮払税金等として資産計上している場合には，期末決算においては，その科目から「法人税，住民税及び事業税」に振替計上し，改めて繰延税金資産の計上の可否を検討することになります。このため，繰越外国税額控除については，在外支店の所得の発生が合理的に見込まれるなど，国外源泉所得を稼得する可能性が高いことにより，翌期以降に外国税額控除余裕額が生じることが確実に見込まれるときに，繰越外国税額控除の実現が見込まれる額を繰延税金資産として計上することに留意が必要です（税効果会計適用指針111⑵）。

図表4-16　配当金により解消される一時差異（在外子会社）

① **外国子会社が配当した際に損金算入されない場合**

配当金により解消される一時差異
＝将来の会計期間において追加で納付が見込まれる税金の額
つまり，
＝外貨建留保利益の金額（税務上の益金に算入される金額）×子会社の決算日（仮決算の場合は連結決算日）における為替相場×追加法人税負担率
＝親会社において課される税金の見積額＋外国子会社において配当等の額に対して課される外国源泉所得税等の額

② **外国子会社が配当した際に損金算入される場合**

親会社の個別財務諸表における税負担額から，子会社の個別財務諸表において損金算入されることに伴い親会社での税負担額が軽減されると見積られる税額を控除した額

設例4-2　在外子会社の留保利益に係る税効果の認識（全額を配当金として受け取るケース）

前提条件

- 親会社は，在外子会社の設立時に300（持分比率100%）を出資している。
- X1年度に，在外子会社において純利益が200発生した。
- 親会社の法定実効税率は30%，在外子会社からの配当金にかかる外国源泉所得税率は10%。
- 配当時に在外子会社の所在地国で損金算入されないものとする。

- 在外子会社からの配当金の５％が益金算入されるものとする。
- 為替による影響はないものとする。

（会計処理）

＜資本連結＞

| （借） 資本金(子会社) | 300 | （貸） 子 会 社 株 式（ 親 会 社 ） | 300 |

＜在外子会社の留保利益に係る税効果の認識＞

| （借） 法人税等調整額 | 23 | （貸） 繰 延 税 金 負 債 | 23 |

純利益200×追加法人税負担率11.5％（＝親会社において課税される見積税率５％×30％と源泉税10％の合算）＝23

３．配当金として受け取ることにより解消されるもの以外の将来加算一時差異

　子会社に対する投資に係る連結財務諸表固有の将来加算一時差異のうち，１で記載した解消事由以外により解消されるものについては，以下のいずれも満たす場合を除き，将来の会計期間において追加で納付が見込まれる税金の額を繰延税金負債として計上します（税効果会計適用指針23）。

- 親会社が子会社に対する投資の売却等を当該親会社自身で決めることができる。
- 予測可能な将来の期間に，子会社に対する投資の売却等（他の子会社への売却の場合を含む）を行う意思がない。

図表4-17　留保利益に係る税効果

a）投資と資本の関係

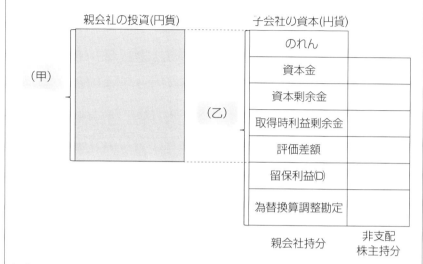

（甲）＝個別会計上の簿価（＝税務上の簿価）

（乙）＝連結会計上の簿価

（甲）－（乙）が親会社における「子会社への投資に係る一時差異」となる。

b）留保利益の将来加算一時差異の要因分析

	外貨ベース	円貨ベース
留保利益（親会社持分）	(A)	(D)
配当金により解消する将来加算一時差異	(B)	(E)＝(B)×子会社決算日の為替相場
株式売却により解消する将来加算一時差異	(C)	(F)＝(D)－(E)

　(D)は留保利益の発生時点のレートの積上げによる円貨額。留保利益について株式売却により解消する将来加算一時差異(F)は，過年度からの積上げレートによる円貨額(D)から配当金により解消する将来加算一時差異(E)を控除することにより計算される。

4．過去に計上した留保利益を減少させた場合の取扱い

　子会社が損失を計上し，過去に計上した留保利益を減少させた場合，前期までに計上した繰延税金負債のうち当該減少に対応する部分を修正する必要があります。

> **ここ注意！** 投資時における子会社の留保利益の取扱い
>
> 　税効果会計適用指針では，平成30年2月に廃止された連結税効果実務指針の定めと異なり，子会社の利益のうち投資時に留保しているものの取扱いが変わっています。
>
> 　連結税効果実務指針第58項では，投資時における子会社の留保利益の取扱いについて，以下のような内容が定められていました（税効果会計適用指針113）。
>
> (1)　子会社の利益のうち投資時に留保しているものについても，将来配当の可能性がある場合で，配当受領時に親会社において受取配当金に係る追加の税金負担が生ずると見込まれるときには，親会社は投資時に税効果を認識し，繰延税金負債を計上することができる。
>
> (2)　投資時まで留保していた子会社の利益が後日親会社に配当送金されると，投資の連結貸借対照表上の価額は配当金額（源泉徴収税額控除前）だけ減額されるが，個別財務諸表および税務上は受取配当金として処理されるため，投資の連結貸借対照表上の価額と個別貸借対照表上の投資簿価との間に新たに将来減算一時差異が生じることに留意する必要がある。この将来減算一時差異は，一定の資産計上の要件を満たす場合に限り，親会社において繰延税金資産を計上する。
>
> 　しかし，税効果会計適用指針は，以下の理由で上記の内容を踏襲しないこととされています（税効果会計適用指針114）。
>
> (1)　上記内容のうち，個別財務諸表における子会社株式の取得原価について金融商品会計基準，企業結合会計基準，連結会計基準の定めと必ずしも整合しない。
>
> (2)　実務において上記の会計処理を適用している事例は稀であると考えられる。

Q4-8　為替換算調整勘定

Q	一時差異（為替換算調整勘定）の会計処理について教えてください。
A	税効果会計の適用上，為替換算調整勘定に対する税効果は主に投資会社が株式を売却することによって実現するため，子会社等の株式の売却の意思が明確な場合には，為替換算調整勘定を含む子会社等への投資に係る一時差異について税効果を認識することが必要となります。

解 説

　子会社または関連会社に対する投資における為替換算調整勘定は，その他の包括利益で認識した上で純資産の部のその他の包括利益累計額に計上します。また，この評価差額等に係る連結財務諸表固有の一時差異に関する繰延税金資産または繰延税金負債については，その他の包括利益を相手勘定として計上します（税効果会計適用指針9(2)，27(1)④）。

　為替換算調整勘定は子会社（および持分法適用関連会社）への投資に係る一時差異を構成することとなります。子会社等への投資に係る一時差異には，利益剰余金（のれんの償却等を含みます）を構成するもの（留保利益等）と利益剰余金を構成しないもの（為替換算調整勘定等）とがあります。利益剰余金はすでに連結損益計算書に計上されているため実現損益としての性格を有しますが，為替換算調整勘定は，在外子会社等の経営成績とは無関係に発生するものであり，連結損益計算書に計上されておらず一種の未実現損益（為替の含み損益）としての性格を有しています。

　為替換算調整勘定は，発生時に損益計上されていませんが，子会社等の株式の売却時に実現損益として売却損益に含めて計上されます（税効果会計適用指針116(5)）。

　税効果会計の適用上，為替換算調整勘定に対する税効果は主に投資会社が株式を売却することによって実現するため，子会社等の株式の売却の意思が明確な場合には，為替換算調整勘定を含む子会社等への投資に係る一時差異について，税効果を認識することが必要となります（税効果会計適用指針116(3)）。

　この場合，連結貸借対照表の純資産の部に計上される為替換算調整勘定は，それに対応して認識された繰延税金資産または繰延税金負債に見合う額を加減して計上します（税効果会計適用指針116(4)）。また，売却時には，繰延税金資産または繰延税金負債を取り崩し，子会社等の株式の売却損益に含めて計上します。

設例4-3 為替換算調整勘定発生時の会計処理（株式の一部売却の意思決定が明確になった場合の調整）

（前提条件）

- 親会社は，在外子会社の設立時に900（持分比率の60％）を出資している（設立時の子会社の純資産の部は，資本金1,000，資本剰余金500）。
- 為替換算調整勘定が借方に300生じている。
- 株式の10％を売却する意思決定が明確になった（引き続き連結子会社に該当するものとする）。
- 法人税等の法定実効税率は30％。

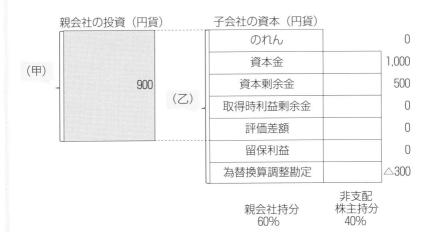

　（甲）＝個別会計上の簿価900

　（乙）＝連結会計上の簿価720：(1,000＋500－300) ×60％＝720

　（甲）－（乙）＝180が親会社における「子会社への投資に係る一時差異」となる。

(会計処理)

＜資本連結＞

| （借）　資　本　金 | 1,000 | （貸）　子 会 社 株 式 | 900 |
| 　　　　資 本 剰 余 金 | 500 | 　　　　非支配株主持分 | 600 |

＜為替換算調整勘定の非支配株主持分への振替＞

| （借）　非支配株主持分 | 120 | （貸）　為替換算調整勘定 | 120 |

為替換算調整勘定300×非支配株主の持分比率40％＝120

【為替換算調整勘定の分析】

親会社持分（60％）		非支配株主持分（40％）
株式売却により解消することが明確な一時差異（10％）	△30	△120
上記以外の一時差異（50％）	△150	
合計	△180	△120

＜為替換算調整勘定に対する税効果＞

| （借）　繰 延 税 金 資 産 | 9 | （貸）　為替換算調整勘定 | 9 |

将来減算一時差異のうち売却の意思決定が明確な部分（10％）の税効果額：為替換算調整勘定300×10％×親会社の法定実効税率30％＝9
（または180×（10％／60％）×親会社の法定実効税率30％＝9）

設例4-4　為替換算調整勘定実現時の会計処理（株式の一部売却により持分比率が低下した場合の調整）

(前提条件)

- 設例4-3の翌期となった。
- 当期末に，株式の一部売却（対価100）により持分比率が60％から50％になった（引き続き連結子会社に該当するものとする）。
- 当期末に，為替換算調整勘定は，借方に500生じている。

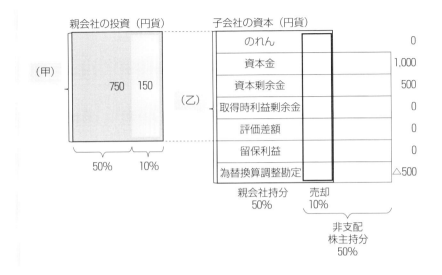

（会計処理）

1．個 別

＜売却＞

| （借） | 現 金 預 金 | 100 | （貸） | 子 会 社 株 式 | 150 |
| | 子会社株式売却損 | 50 | | | |

2．連 結

＜開始仕訳＞

（借）	資 本 金	1,000	（貸）	子 会 社 株 式	900
	資 本 剰 余 金	500		非支配株主持分	480
	繰 延 税 金 資 産	9		為替換算調整勘定	129

＜為替換算調整勘定の非支配株主持分への振替＞

ア．前期末計上額の振戻し

| （借） | 為替換算調整勘定 | 120 | （貸） | 非支配株主持分 | 120 |

為替換算調整勘定300×非支配株主の持分比率40％＝120

イ．当期末発生額の計上

| （借）　非支配株主持分 | 200 | （貸）　為替換算調整勘定 | 200 |

為替換算調整勘定500×非支配株主の持分比率40％＝200

＜為替換算調整勘定に対する税効果＞

為替換算調整勘定に係る繰延税金資産の計上

| （借）　繰 延 税 金 資 産 | 6 | （貸）　為替換算調整勘定 | 6 |

当期末計上額15（為替換算調整勘定500×10％×親会社の法定実効税率30％）－前期末計上額9＝6

＜売却簿価と売却持分の相殺消去＞

| （借）　子 会 社 株 式 | 150 | （貸）　非支配株主持分 | 100 |
| | | 　　　　　為替換算調整勘定 | 50 |

非支配株主持分　（資本金1,000＋資本剰余金500－為替換算調整勘定500）×10％＝100

＜株式売却損の資本剰余金への振替（持分変動によっても支配関係が継続されるため）＞

| （借）　資 本 剰 余 金 | 50 | （貸）　子会社株式売却損 | 50 |

＜繰延税金資産の取崩し＞

| （借）　為替換算調整勘定 | 15 | （貸）　繰 延 税 金 資 産 | 15 |

　為替換算調整勘定に係る繰延税金資産および繰延税金負債の取崩しについても，法人税等調整額ではなく為替換算調整勘定に加減することで取り崩されます。

Q4-9　その他有価証券評価差額金

Q	一時差異（その他有価証券評価差額金）の会計処理について教えてください。
A	親会社の投資後に子会社等が計上したその他有価証券評価差額金に係る連結財務諸表固有の一時差異に関する繰延税金資産または繰延税金負債については，その他の包括利益を相手勘定として計上します。

解 説

　親会社の投資後に子会社等が計上したその他有価証券評価差額金に係る連結財務諸表固有の一時差異に関する繰延税金資産または繰延税金負債については，その他の包括利益を相手勘定として計上します（税効果会計適用指針9⑵，27⑴①）。

　なお，為替換算調整勘定の場合と異なり注意が必要な点があります。子会社等が計上したその他有価証券評価差額金は，子会社等で税効果が認識されるとともに親会社でさらに税効果を認識します。これは，子会社等において有価証券の簿価に係る個別財務諸表に係る一時差異が生じていると同時に親会社においても子会社への投資簿価に係る連結財務諸表固有の一時差異が生じているためです。

図表 4 –18　　為替換算調整勘定とその他有価証券評価差額金

	為替換算調整勘定	その他有価証券評価差額金
個別財務諸表に係る一時差異	— （個別上は為替換算調整勘定は存在しない）	税効果を認識する。 **【税効果の計算式】** 一時差異×子会社の法定実効税率
連結財務諸表固有の一時差異	税効果を認識する。 **【税効果の計算式】** 一時差異×親会社の法定実効税率 **【非支配株主への配分】** 税効果考慮前の為替換算調整勘定を按分	税効果を認識する。 **【税効果の計算式】** 一時差異×親会社の法定実効税率 **【非支配株主への配分】** 税効果考慮後のその他有価証券評価差額金（取得後分）を按分（個別財務諸表において，税効果を認識の上でその他有価証券評価差額金を計上しているため）

設例 4 – 5　その他有価証券評価差額金の税効果

前提条件

- 子会社の純資産の内訳

資本金	2,000
（取得後）有価証券評価差額金 　　（税効果30％考慮後）	700

- 親会社は子会社株式の60％を1,200で取得した。
- 親会社および子会社における法人税等の法定実効税率は30％。
- 親会社による子会社への投資（60％）時点での，子会社が保有していたその他有価証券は1,000であった。現在ではこの時価は2,000となっている。
- 親会社による投資後，子会社によるその他有価証券の売買はなかった。
- 当期末時点で，当該子会社のすべての株式の売却を翌期首に行う意思決定が行われている。
- 翌期首に当該子会社のすべての株式が売却されている。

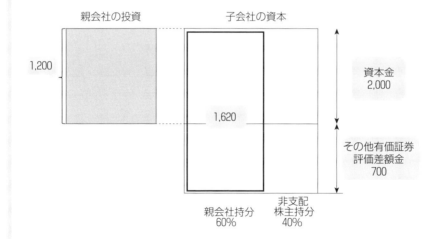

会計処理

※その他有価証券，繰延税金資産および繰延税金負債に関する仕訳以外の開始仕訳等は省略しています。

１．個別（子会社における処理）

＜その他有価証券の時価評価＞

（借） 投資有価証券	1,000	（貸）	繰延税金負債		300
			その他有価証券 評価差額金		700

その他有価証券評価差額金（税効果考慮前）1,000×子会社の法定実効税率30％＝300

２．連　結

＜その他有価証券評価差額金の非支配株主持分への振替＞

（借） その他有価証券 評価差額金	280	（貸）	非支配株主持分		280

その他有価証券評価差額金（子会社における税効果考慮後）700×非支配株主の持分比率40％＝280

＜その他有価証券評価差額金に対する税効果＞

（借） その他有価証券 評価差額金	126	（貸）	繰延税金負債		126

その他有価証券評価差額金（子会社における税効果考慮後）700×親会社の持分比率60％×親会社の法定実効税率30％＝126

３．翌期首　売却時（連結）

（借） 子会社株式	1,200	（貸）	非支配株主持分		1,620
その他有価証券 評価差額金	420				

＜繰延税金負債の取崩し＞

（借） 繰延税金負債	126	（貸）	その他有価証券 評価差額金		126

Q4-10　子会社および関連会社が保有する親会社株式等を当該親会社等に譲渡した場合の取扱い

Q	連結子会社や，持分法の適用対象となっている子会社または関連会社等が保有する親会社株式等を当該親会社等に譲渡した場合の取扱いについて教えてください。
A	連結子会社や，持分法の適用対象となっている子会社または関連会社等が保有する親会社株式（または投資会社の株式）を当該親会社等に譲渡した場合に生じる売却損益に係る法人税等（親会社持分相当額に限る）は，資本剰余金から控除します。

解 説

1．連結財務諸表における連結子会社が保有する親会社株式の取扱い

　連結子会社が保有する親会社株式は，連結財務諸表では親会社が保有している自己株式と合わせ，純資産の部の株主資本に対する控除項目として表示します。このとき，株主資本から控除する金額は親会社株式の親会社持分相当額となります（自己株式等会計基準15）。

　連結子会社における親会社株式の売却損益（内部取引によるものを除いた親会社持分相当額）の会計処理は，親会社における自己株式処分差額と同様に，その他資本剰余金を加減します（自己株式等会計基準16）。

2．連結財務諸表における持分法適用会社が保有する親会社株式等の取扱い

　持分法の適用対象となっている子会社および関連会社が親会社株式等（子会社においては親会社株式，関連会社においては当該会社に対して持分法を適用する投資会社の株式）を保有する場合は，連結財務諸表では親会社等（子会社においては親会社，関連会社においては当該会社に対して持分法を適用する投資会社）の持分相当額を自己株式として純資産の部の株主資本から控除し，当該会社に対する投資勘定を同額減額します（自己株式等会計基準17）。

　持分法適用会社における親会社株式等の売却損益（内部取引によるものを除

いた親会社等の持分相当額）は，親会社における自己株式処分差額の会計処理
と同様に，その他資本剰余金を加減します。また，当該会社に対する投資勘定
を同額加減します（自己株式等会計基準18）。

3．保有する親会社株式等を外部に売却した場合の法人税等の取扱い

　上記の1，2より，親会社株式等の売却損益（内部取引によるものを除いた
親会社等の持分相当額）については，連結財務諸表上，その他資本剰余金を加
減することとなります。ここで，子会社および関連会社が保有する親会社株式
等を外部に売却した場合，その売却損益は，関連する法人税，住民税および事
業税（本問では，以下「法人税等」といいます）を控除後のものとするとされ
ています（自己株式等適用指針16）。すなわち，売却に関連する法人税等は資
本剰余金から直接減額することとなります。

4．保有する親会社株式等を親会社等に売却した場合の法人税等の取扱い

　一方，子会社および関連会社が，親会社株式等を当該親会社等に売却した場
合は，子会社および関連会社の個別財務諸表上では自己株式の売却ではなく，
売却損益に対応する法人税等が発生する場合があります。また，親会社の個別
財務諸表上では自己株式の取得となります。連結財務諸表上は，当該株式の売
却は相殺消去されますが，子会社および関連会社で発生した法人税等は消去さ
れず残ります。このとき，売却損益に対応する法人税等のうち親会社持分相当
額は，外部に売却した場合の取扱いに準じて，資本剰余金から控除することと
なります（税効果会計適用指針40，41）。

Q4-11　連結会社間において子会社株式等を売却した場合の取扱い

Q	連結会社間における子会社株式等の売却に伴い生じた売却損益を税務上繰り延べる場合の連結財務諸表における取扱いについて教えてください。
A	連結会社間における子会社株式等の売却に伴い生じた売却損益について，課税所得計算において当該売却損益を繰り延べる場合であって，当該子会社株式等を売却した企業の個別財務諸表において，売却損益に係る一時差異に対して繰延税金資産または繰延税金負債が計上されているときは，連結決算手続上，当該一時差異に係る繰延税金資産または繰延税金負債の額は修正しません。

解 説

1．個別財務諸表で計上された繰延譲渡損益に対する税効果

　連結会社間における子会社株式等の売却に伴い生じた売却損益について，税務上の要件を満たし課税所得計算において当該売却損益を繰り延べる場合（法法61の13）であって，当該子会社株式等を売却した企業の個別財務諸表において，当該売却損益に係る一時差異に対して繰延税金資産または繰延税金負債が計上されているときは，連結決算手続上，当該一時差異に係る繰延税金資産または繰延税金負債の額は修正しません（税効果会計適用指針39前段）。

　具体的には，完全支配関係にある連結会社間で，子会社株式等の売却が行われ，税務上，ここで生じた売却損益を繰り延べ，個別財務諸表上で繰延税金資産または繰延税金負債が計上されている場合が当てはまります。この場合，投資に係る一時差異とは性格が異なるものであるため，連結財務諸表上においても，個別財務諸表上において認識された繰延税金資産または繰延税金負債が計上されることになります（税効果会計適用指針143(1)）。

2．子会社等への投資に係る連結財務諸表固有の一時差異

　連結会社間における子会社株式等の売却の意思決定等に伴い，子会社等に対する投資に関連する連結財務諸表固有の一時差異に係る繰延税金資産または繰

延税金負債を計上している場合があります。ここで，当該繰延税金資産または繰延税金負債のうち，当該売却により解消される一時差異に係る繰延税金資産または繰延税金負債は売却時に取り崩します。また，当該子会社株式等の売却に伴い，追加的に，または新たに生じる一時差異については，Ｑ4-6で解説した手続に従って処理します（税効果会計適用指針39後段）。

　企業集団内において子会社株式等が売却される結果，個別貸借対照表上の投資簿価が，売却側が認識していた投資簿価から，購入側の取得原価（税務上の簿価）に置き換わることとなります。この結果，投資の連結貸借対照表上の簿価との差額である，連結財務諸表固有の一時差異の全部または一部が解消するため上記の処理となります（税効果会計適用指針143(2)）。

設例 4-6　連結会社間において子会社株式等を売却した場合の取扱い

（前提条件）

- Ｓ1社とＳ2社はＰ社の100％子会社，Ｓ3社はＳ1社の100％子会社であり，これらの会社は，完全支配関係にある。
- 各社の決算日は3月31日である。
- X1年3月期からX6年3月期の各期におけるＰ社，Ｓ1社，Ｓ2社の企業の分類は，いずれも（分類1）に該当する。
- X1年3月期およびX2年3月期のＳ1社におけるＳ3社株式の個別貸借対照表上の投資簿価（以下「個別上の簿価」という）は100，X1年3月期からX6年3月期までのＳ3社株式の連結貸借対照表上の価額（以下「連結上の価額」という）は120であった。
- Ｓ1社は，X1年3月期にＳ2社へＳ3社株式を売却する意思決定を行った。
- Ｓ1社は，X2年3月期の期中にＳ2社へＳ3社株式を130で売却した。なお，この売却に伴い発生したＳ3社株式売却益30は，税務上の要件を満たし課税所得計算において繰り延べるものとする。
- Ｓ2社は，X6年3月期にＳ3社株式を企業集団外の第三者に売却する意思決定を行った。なお，連結財務諸表上，Ｓ2社におけるＳ3社株式に係る将来減算一時差異に関する繰延税金資産の全額につき，回収可能性があるものとする。
- X1年3月期からX6年3月期において，Ｐ社では配当金のすべてが税務上の益金

に算入されない（S1社およびS2社から配当金を受領した場合およびS1社またはS2社がS3社から配当金を受領した場合，追加の税金の納付は生じない）。
- P社，S1社およびS2社の法定実効税率は，それぞれ30％とする。

［株式の所有関係］

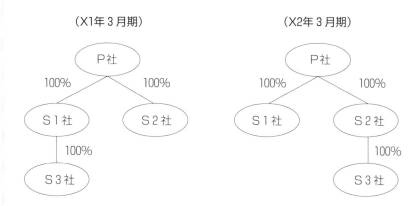

（X1年3月期）　　　　　　　　　　　（X2年3月期）

(会計処理)

※繰延税金資産および繰延税金負債に関する仕訳以外の開始仕訳，留保利益やのれんの仕訳等は省略しています。

1．X1年3月期（S1社によるS3社株式の売却の意思決定時）
＜P社の連結財務諸表における仕訳＞

（借）　法人税等調整額	6	（貸）　繰延税金負債	6

S3社株式に係る将来加算一時差異20×30％＝繰延税金負債6

2．X2年3月期（S1社によるS3社株式の売却時）
＜S1社の個別財務諸表における仕訳＞

（借）　現　金　預　金	130	（貸）　S　3　社　株　式	100
		子会社株式売却益	30
（借）　法人税等調整額	9	（貸）　繰延税金負債	9

子会社株式売却益30×30％＝繰延税金負債9

　子会社株式売却益30は，Ｓ３社株式の売却時には課税所得計算において繰り延べられるため，税務上の益金に算入されません。そのため，Ｓ１社のＳ３社株式の個別上の簿価が０となるのに対し，課税所得計算上の価額は△30（譲渡損益調整勘定）となります。この子会社株式売却益は，将来Ｓ２社がＳ３社株式を企業集団外の第三者に売却するなどの一定の事由により税務上の益金に算入されるときに課税所得を増額する効果を有するため，将来加算一時差異に該当し，これに係る繰延税金負債を計上します。

＜Ｓ２社の個別財務諸表における仕訳＞

（借）　Ｓ　３　社　株　式	130	（貸）　現　金　預　金	130

＜Ｐ社の連結財務諸表における仕訳＞

（開始仕訳）

（借）　利益剰余金期首残高	6	（貸）　繰　延　税　金　負　債	6

（売却に伴うＳ３社株式に関する繰延税金負債の取崩し）

（借）　繰　延　税　金　負　債	6	（貸）　法人税等調整額	6

　X1年３月期におけるＰ社の連結財務諸表上の将来加算一時差異20は，企業集団内におけるＳ３社株式の売却の結果，Ｓ３社株式の個別上の簿価が，Ｓ２社における取得原価（課税所得計算上の価額）130に置き換わることにより解消します。そのため，Ｐ社の連結財務諸表上，X1年３月期に計上した繰延税金負債を取り崩します。

　また，Ｓ３社株式の連結上の価額120は，Ｓ２社の個別上の簿価130を下回るため，これらの差額10は連結財務諸表固有の将来減算一時差異に該当します。当該将来減算一時差異に係る繰延税金資産３（＝10×30％）は，Ｓ２社においてＳ３社株式を売却する意思決定が行われていないため，その回収可能性がないと判断され，Ｐ社の連結財務諸表では計上されません。

　なお，Ｓ１社の個別財務諸表に計上された子会社株式売却益に係る将来加算一時差異に関する繰延税金負債９は，Ｐ社の連結財務諸表で新たに生じた子会社に対する投資に係る将来減算一時差異10とは異なるものですので，Ｐ社の連結財務諸表上，当該繰延税金負債９は修正されず，そのまま計上されます。

3．X6年3月期（S2社によるS3社株式の売却の意思決定時）

＜P社の連結財務諸表における仕訳＞

（S3社株式に係る将来減算一時差異に関する繰延税金資産の計上）

（借）　繰延税金資産	3	（貸）　法人税等調整額	3

　X2年3月期において生じた将来減算一時差異10に係る繰延税金資産の全額について回収可能性があるため，繰延税金資産3（＝10×30％）を計上します。他方，X2年3月期と同様に，S1社の個別財務諸表に計上されている繰延税金負債9は，子会社に対する投資に係る将来減算一時差異とは異なるものであるため，P社の連結財務諸表上にそのまま計上されます。なお，S1社で計上された繰延税金負債からS2社で計上された繰延税金資産を差し引いた額は，S1社がS2社に対してS3社株式を売却する前（X1年3月期）に連結財務諸表上で計上した繰延税金負債6と一致します。

（出所）税効果会計適用指針［設例8］

Q4-12　退職給付に係る負債の取扱い

Q　退職給付に係る負債の取扱いについて教えてください。

A　退職給付会計における未認識項目は，個別財務諸表上ではオフバランスとされますが，連結財務諸表上では発生時に即時に認識されることから，連結財務諸表固有の一時差異となります。この連結財務諸表固有の一時差異に関する繰延税金資産または繰延税金負債については，その他の包括利益を相手勘定として計上します。

解 説

　退職給付会計において，「数理計算上の差異」とは，年金資産の期待運用収益と実際の運用成果との差異，退職給付債務の数理計算に用いた見積数値と実績との差異および見積数値の変更等により発生した差異をいいます。なお，こ

のうち当期純利益を構成する項目として費用処理（費用の減額処理または費用を超過して減額した場合の利益処理を含みます）されていないものを「未認識数理計算上の差異」といいます。

また，「過去勤務費用」とは，退職給付水準の改訂等に起因して発生した退職給付債務の増加または減少部分をいいます。このうち当期純利益を構成する項目として費用処理されていないものを「未認識過去勤務費用」といいます。

退職給付会計において，個別財務諸表上では，上記の未認識数理計算上の差異および未認識過去勤務費用（以下，両者を総称して「未認識項目」といいます）はオフバランスとされます（退職給付会計基準39(1)）。一方，連結財務諸表上では，当期に発生した未認識項目は，税効果を調整の上，その他の包括利益を通じて純資産の部に計上されますので，一時差異となります（退職給付会計基準13，24また書き，25また書き，税効果会計適用指針27(1)③)。

1．退職給付に係る負債または退職給付に係る資産に関する一時差異

連結財務諸表における退職給付に係る負債に関する繰延税金資産または退職給付に係る資産に関する繰延税金負債については，以下の処理を行います。

まず，個別財務諸表における退職給付引当金に係る将来減算一時差異に関する繰延税金資産の額または前払年金費用に係る将来加算一時差異に関する繰延税金負債の額に，連結修正における未認識項目の会計処理により生じる将来減算一時差異に係る繰延税金資産の額または将来加算一時差異に係る繰延税金負債の額を合算します。そして，この合算額について以下のように取り扱います（税効果会計適用指針42)。

- 当該合算により純額で繰延税金資産が生じる場合，当該合算額について回収可能性を判断し，未認識項目の一時差異に係る繰延税金資産または繰延税金負債について，その他の包括利益を相手勘定として計上する。
- 当該合算により純額で繰延税金負債が生じる場合，未認識項目の一時差異に係る繰延税金資産または繰延税金負債について，その他の包括利益を相手勘定として計上する。

図表4-19	退職給付に係る負債に関する一時差異の連結上の取扱い

個別	退職給付引当金に係る将来減算一時差異に関する繰延税金資産の額，または前払年金費用に係る将来加算一時差異に関する繰延税金負債の額

連結	連結修正（※）により生じる将来減算一時差異に係る繰延税金資産の額，または将来加算一時差異に係る繰延税金負債の額 （※）　未認識数理計算上の差異および未認識過去勤務費用の処理

 個別と連結を合算する

合算後，純額で繰延税金資産	合算額について回収可能性を判断し，未認識項目の一時差異に係る繰延税金資産または繰延税金負債を計上	相手勘定は<u>その他の包括利益</u>
合算後，純額で繰延税金負債	未認識項目の一時差異に係る繰延税金資産または繰延税金負債を計上	相手勘定は<u>その他の包括利益</u>

2．連結上の退職給付に係る負債に関する繰延税金資産の回収可能性

　連結財務諸表における退職給付に係る負債に関する繰延税金資産は，まず，個別財務諸表における退職給付引当金に係る将来減算一時差異に関する繰延税金資産の額を計上し，これに連結修正項目である未認識項目の会計処理により生じる将来減算一時差異に係る繰延税金資産の額を合算し，この合算額について回収可能性を判断することとなります。なお，連結財務諸表における当該繰延税金資産の回収可能性については，個別財務諸表において判断した分類に基づいて判断します（回収可能性適用指針43）。

　なお，個別財務諸表における退職給付引当金に係る将来減算一時差異に関する繰延税金資産の額に，未認識項目の会計処理により生じる将来減算一時差異に係る繰延税金資産の額を合算した繰延税金資産の回収可能性については，解消見込年度が長期にわたる将来減算一時差異の取扱いを適用します（回収可能性適用指針35，44）。

3．退職給付に係る負債に関する繰延税金資産の回収可能性を見直す場合

　連結財務諸表における未認識項目の負債認識により生じる将来減算一時差異に係る繰延税金資産は，毎期回収可能性の見直しを行います（回収可能性適用指針45）。具体的には以下のように取り扱います。

(1)　繰延税金資産の回収可能性が過去においてはないと判断されていたが，その後，回収可能性があると判断された場合

　まず，個別財務諸表における退職給付引当金に係る将来減算一時差異に関する繰延税金資産を，法人税等調整額を相手勘定として計上します。

　次に，未認識項目の負債認識において生じる将来減算一時差異について回収可能性がある場合，当該将来減算一時差異に係る繰延税金資産の全部または一部を，退職給付に係る調整額を相手勘定として計上します（回収可能性適用指針113）。なお，未認識項目についての連結修正により負債金額が減少する場合は，個別財務諸表上で計上された繰延税金資産を連結上で取り崩すこととなります。

(2)　繰延税金資産の回収可能性が過去においてあると判断していたものについて，その後，回収可能性がないと判断された場合

　まず，個別財務諸表における退職給付引当金に係る将来減算一時差異が解消する時に税金負担額を軽減するものとして，繰延税金資産の計上額を算定します。すなわち，個別財務諸表において退職給付引当金に係る繰延税金資産の見直しを行い，繰延税金資産の回収可能性を判断した結果，当該繰延税金資産の全部または一部が将来の税金負担額を軽減する効果を有さなくなったと判断された場合，計上していた繰延税金資産のうち回収可能性がない金額について法人税等調整額を相手勘定として取崩しを行います。

　連結財務諸表においては，この個別財務諸表における取崩しの処理に加え，未認識項目の負債認識において生じる将来減算一時差異に係る繰延税金資産は，すべて将来の税金負担額を軽減する効果を有さなくなったと考えられますので，退職給付に係る調整額を相手勘定として取崩しを行います（回収可能性適用指針114）。

図表4-20　　繰延税金資産の回収可能性の見直し

※　個別財務諸表上で退職給付引当金を計上し，連結財務諸表上で未認識項目の負債認識をするケースを前提とする。

【繰延税金資産の回収可能性が過去においてないと判断されていたが，その後，回収可能性があると判断された場合】

個別	退職給付引当金に係る将来減算一時差異に関する繰延税金資産を計上	相手勘定は法人税等調整額

連結	未認識項目の負債認識において生じる将来減算一時差異について回収可能性がある場合，当該将来減算一時差異に係る繰延税金資産の全部または一部を計上	相手勘定は退職給付に係る調整額

【繰延税金資産の回収可能性が過去においてあると判断していたものについて，その後，回収可能性がないと判断された場合】

個別	回収可能性の見直しを行い，繰延税金資産の全部または一部が将来の税金負担額を軽減する効果を有さなくなったと判断された場合は回収可能性がない金額を取り崩す	相手勘定は法人税等調整額

連結	個別財務諸表における取崩しの処理に加え，未認識項目の負債認識において生じる将来減算一時差異に係る繰延税金資産は，すべて将来の税金負担額を軽減する効果を有さなくなったと考えられるため，取り崩す	相手勘定は退職給付に係る調整額

Q 4-13 損失を計上している在外子会社株式を売却する場合の税効果

Q

在外連結子会社株式を翌期の4月1日に売却することとなりました。個別財務諸表上，当該子会社株式については過去に株式評価損を計上しており，当該評価損について税務上の損金算入要件を満たしていません。この場合において，連結財務諸表上は借方の為替換算調整勘定が計上されていますが，売却見込みがなかったため，個別上も連結上も繰延税金資産は計上していませんでした。売却決定に伴う税効果の取扱いを教えてください。

A

当該子会社株式を売却する意思が明確になり，将来減算一時差異が解消することが明確になったことを受けて，当期末の個別財務諸表の税効果では，回収可能性に問題がなければ繰延税金資産が計上されます。連結財務諸表の税効果は，この個別で新たに計上された繰延税金資産もいったん取り消したうえで改めて，投資後に子会社が計上した損益，為替換算調整勘定，のれんの償却等によって生じる子会社株式に係る一時差異の税効果を検討します。

解 説

　当該子会社株式を売却する意思が明確になり，将来減算一時差異が解消することが明確になったことを受けて，当期末の税効果の取扱いは以下のようになります。

1．親会社の個別財務諸表上の税効果

　子会社株式評価損に係る将来減算一時差異の解消が確実になったため，回収可能性に問題がなければ繰延税金資産が計上されます。

2．連結財務諸表上の税効果

　個別で計上された子会社株式評価損は取り消されていますが，個別で新たに計上された繰延税金資産もいったん取り消したうえで，連結上，改めて，投資後に子会社が計上した損益，為替換算調整勘定，のれんの償却等によって生じる子会社株式に係る一時差異の税効果を検討します（税効果会計適用指針104）。

具体的には以下のとおりです。

(1)　繰越損失に係る税効果

投資後に子会社で計上した損失については，連結上の簿価が個別上の簿価を下回ることから，連結上将来減算一時差異が生じます。子会社に係る繰越損失について，売却期の税金負担額を軽減する効果があると判断できる金額まで繰延税金資産を計上することになります。

(2)　在外連結子会社等に対する為替換算調整勘定（借方）

在外連結子会社等に対する為替換算調整勘定（借方）は，主に子会社株式を売却する場合に，子会社株式の処分損益に含めて計上し，実現することとなります。為替換算調整勘定（借方）についても，売却期の税金負担額を軽減する効果があると判断できる金額まで繰延税金資産を計上することになります。

第5章

個別・連結財務諸表における開示

- 同一納税主体の繰延税金資産と繰延税金負債は，双方を相殺したうえで，繰延税金資産は投資その他の資産の区分に，繰延税金負債は固定負債の区分に表示します。
- 財務諸表および連結財務諸表においては，繰延税金資産および繰延税金負債の発生原因別の主な内訳，法人税等の負担率と法定実効税率との間の重要な差異などの注記が必要となります。

Q5-1 財務諸表における税効果会計の表示

Q	税効果会計に関する個別財務諸表および連結財務諸表における表示について教えてください。
A	同一納税主体の繰延税金資産と繰延税金負債は，双方を相殺したうえで，繰延税金資産は投資その他の資産（固定資産）の区分に，繰延税金負債は固定負債の区分に表示しなければなりません。

解説

　税効果会計に関連する勘定科目として，貸借対照表上は繰延税金資産および繰延税金負債，損益計算書上は法人税等調整額があります。そのほかに，土地再評価差額金に係る税効果相当額として，特別な定めがあります。

　これらの税効果会計に関連する勘定科目の表示方法については，税効果会計基準に定めがあります。個別財務諸表と連結財務諸表では，相殺表示に関する定めを除き，同様の取扱いがなされています。このほかに注記に関する定めがありますが，詳細はQ5-2を参照ください。

1．（連結）貸借対照表における表示

(1) 資産・負債の分類

　繰延税金資産は投資その他の資産の区分に，繰延税金負債は固定負債の区分に表示します。従来は，繰延税金資産および繰延税金負債に関連した資産および負債の分類に基づいて，繰延税金資産は流動資産または投資その他の資産の区分に，繰延税金負債は流動負債または固定負債の区分に表示されていましたが，その取扱いが変更されました（税効果会計基準一部改正2.1）。当該変更は2018年4月1日以降開始する事業年度の期首から適用されています。

　なお，土地再評価差額金に係る繰延税金資産または繰延税金負債は，他の繰延税金資産または繰延税金負債とは区別して，貸借対照表の投資その他の資産または固定負債の区分に，再評価に係る繰延税金資産など，または再評価に係る繰延税金負債など，その内容を示す科目をもって表示します（税効果会計適

用指針63）。

(2)　相殺表示

　個別財務諸表においては，繰延税金資産と繰延税金負債は，双方を相殺して表示します。連結財務諸表においては，同一納税主体の繰延税金資産と繰延税金負債は，双方を相殺して表示します。異なる納税主体の繰延税金資産と繰延税金負債は，双方を相殺せずに表示します（税効果会計基準一部改正2.2）。

　ここで，納税主体とは，納税申告書の作成主体をいい，通常は企業が納税主体となります（税効果会計適用指針 4 (1)）。

(3)　繰延税金負債と未払法人税等との区分表示

　納付すべき法人税等の未払額は，「未払法人税等」として負債に計上します。繰延税金負債とは，その性格が異なるため，区別して表示します。

2．（連結）損益計算書における表示

　当期の法人税等として納付すべき額および法人税等調整額は，法人税等を控除する前の当期純利益から控除する形式により，それぞれ区分して表示しなければなりません（税効果会計基準第三 3 ）。

> **ここ注意！**
>
> 　貸借対照表における資産・負債の分類について，繰延税金資産は投資その他の資産の区分に，繰延税金負債は固定負債の区分に表示します。従来は，繰延税金資産および繰延税金負債に関連した資産および負債の分類に基づいて，繰延税金資産は流動資産または投資その他の資産の区分に，繰延税金負債は流動負債または固定負債の区分に表示されていましたが，その取扱いが変更されていることに注意が必要です。

Q 5-2 税効果会計の注記

Q	税効果会計に関する注記について教えてください。
A	財務諸表および連結財務諸表においては，繰延税金資産および繰延税金負債の発生原因別の主な内訳，法人税等の負担率と法定実効税率との間の重要な差異などの注記が必要となります。

解 説

　税効果会計について，財務諸表および連結財務諸表については，以下の事項を注記しなければなりません（税効果会計基準第四）。

① 　繰延税金資産および繰延税金負債の発生原因別の主な内訳
② 　税引前当期純利益（税金等調整前当期純利益）に対する法人税等（法人税等調整額を含む）の比率と法定実効税率との間に重要な差異があるときは，当該差異の原因となった主要な項目別の内訳
③ 　税率の変更により繰延税金資産および繰延税金負債の金額が修正されたときは，その旨および修正額
④ 　決算日後に税率の変更があった場合には，その内容およびその影響

1．繰延税金資産および繰延税金負債の発生原因別の主な内訳

　繰延税金資産および繰延税金負債の発生原因別の主な内訳を注記することとされています（税効果会計基準第四１）。

　繰延税金資産の発生原因別の主な内訳を注記するにあたっては，繰延税金資産から控除された額（評価性引当額）を併せて記載するものとされており，以下の事項を記載します。

【評価性引当額に関する事項】

① 　評価性引当額の内訳
② 　評価性引当額の重要な変動（重要な変動が生じている場合）

　①については，繰延税金資産の発生原因別の主な内訳として税務上の繰越欠

損金を記載している場合であって，当該税務上の繰越欠損金の額が重要である
ときは，評価性引当額は，税務上の繰越欠損金に係る評価性引当額と将来減算
一時差異等の合計に係る評価性引当額に区分して記載します。なお，将来減算
一時差異等の合計に係る評価性引当額の区分には，繰越外国税額控除や繰越可
能な租税特別措置法上の法人税額の特別控除等を含めます（税効果会計基準一
部改正4）。

　②については，評価性引当額に重要な変動が生じている場合，当該変動の主
な内容を記載します。なお，連結財務諸表を作成している場合，個別財務諸表
において記載することを要しません（税効果会計基準一部改正4）。

　繰延税金資産の発生原因別の主な内訳として税務上の繰越欠損金を記載して
いる場合であって，当該税務上の繰越欠損金の額が重要であるときは，以下の
事項を記載します。なお，連結財務諸表を作成している場合，個別財務諸表に
おいて記載することを要しません（税効果会計基準一部改正5）。

【税務上の繰越欠損金に関する事項（重要であるときに記載する事項）】

① 　繰越期限別の税務上の繰越欠損金に係る次の金額
  - 税務上の繰越欠損金の額に納税主体ごとの法定実効税率を乗じた額
  - 税務上の繰越欠損金に係る繰延税金資産から控除された額（評価性引当額）
  - 税務上の繰越欠損金に係る繰延税金資産の額

② 　税務上の繰越欠損金に係る重要な繰延税金資産を計上している場合，当該繰
延税金資産を回収可能と判断した主な理由

　個別財務諸表における注記例を示すと次頁のとおりです。

【注記例（繰延税金資産および繰延税金負債の発生原因別の主な内訳）】

		前連結会計年度 （X1年3月31日）	当連結会計年度 （X2年3月31日）
繰延税金資産	税務上の繰越欠損金（※2）	XXX百万円	XXX百万円
	退職給付に係る負債	XXX	XXX
	減損損失	XXX	XXX
	その他	XXX	XXX
	繰延税金資産小計	XXX	XXX
税務上の繰越欠損金に係る評価性引当額（※2）		△XXX	△XXX
将来減算一時差異等の合計に係る評価性引当額		△XXX	△XXX
	評価性引当額小計（※1）	△XXX	△XXX
	繰延税金資産合計	XXX	XXX

繰延税金負債　（以下　略）

（※1）　（繰延税金資産から控除された額（評価性引当額）に重要な変動が生じている場合，当該変動の主な内容を記載する）

（※2）　税務上の繰越欠損金及びその繰延税金資産の繰越期限別の金額

前連結会計年度

	X年以内	X年超 X年以内	X年超 X年以内	X年超 X年以内	X年超 X年以内	X年超	合計
税務上の繰越欠損金(a)	—	—	—	—	XXX	—	XXX百万円
評価性引当額	—	—	—	—	△XXX	—	△XXX
繰延税金資産	—	—	—	—	XXX	—	XXX

(a)　税務上の繰越欠損金は，法定実効税率を乗じた額である。

当連結会計年度

	X年以内	X年超 X年以内	X年超 X年以内	X年超 X年以内	X年超 X年以内	X年超	合計
税務上の繰越欠損金(b)	—	—	XXX	—	—	XXX	XXX百万円
評価性引当額	—	—	—	—	—	△XXX	△XXX
繰延税金資産	—	—	XXX	—	—	—	(c)XXX

(b)　税務上の繰越欠損金は，法定実効税率を乗じた額である。

(c)　（税務上の繰越欠損金に係る重要な繰延税金資産を計上している場合，当該繰延税金資産を回収可能と判断した主な理由を記載する。）

（出所）「税効果会計に係る会計基準」の一部改正　参考［開示例］税効果会計に関する注記例

2．法人税等の負担率と法定実効税率との間の重要な差異

　　法人税等の負担率（税引前当期純利益（税金等調整前当期純利益）に対する法人税等（法人税等調整額を含みます）の比率）と法定実効税率との間に重要な差異があるときは，当該差異の原因となった主要な項目別の内訳を注記する

こととされています（税効果会計基準第四2）。

　ここでいう法定実効税率とは，当期の納付税金の計算に用いた税率を指します。なお，連結財務諸表については，当期の連結財務諸表提出会社の法人税等の計算に用いられた税率を指します。このため，連結子会社の法定実効税率が連結財務諸表提出会社の法定実効税率と乖離することにより，差異がもたらされる可能性があります。

　この注記は，差異の重要性が乏しい場合には省略することができます。具体的には，差異が法定実効税率の100分の5以下である場合には，注記を省略できるものとされています（財規8の12Ⅲ，連規15の5Ⅲ）。例えば，法定実効税率が30％の場合には，法人税等の負担率との差異が1.5％（＝30％×5％）以下ならば省略可能となります。省略できるのは，単に5％以下の場合ではなく，「法定実効税率の100分の5以下」の場合であることに注意が必要です。個別財務諸表における注記例を示すと以下のとおりです。

【注記例（法人税等の負担率と法定実効税率との間の重要な差異）】

	前事業年度 （X1年3月31日）	当事業年度 （X2年3月31日）
法定実効税率	30.0%	30.0%
（調整）		
交際費等永久に損金に算入されない項目	6.3	5.2
受取配当等永久に益金に算入されない項目	—	△1.0
住民税均等割	0.1	0.1
その他	—	1.2
税効果会計適用後の法人税等の負担率	36.4%	35.5%

【注記例（記載を省略する場合）】

法定実効税率と税効果会計適用後の法人税等の負担率との間の差異が法定実効税率の100分の5以下であるため，注記を省略しております。

3．税率の変更の旨および修正額

　税率の変更により繰延税金資産および繰延税金負債の金額が修正されたときは，その旨および修正額を注記することとされています（税効果会計基準第四.3）。

連結財務諸表については，連結財務諸表提出会社のみならず，連結子会社における税率の変更も注記の対象となることに注意が必要です。

4．決算日後における税率の変更

　決算日後に税率の変更があった場合には，その内容およびその影響を注記することとされています（税効果会計基準第四4）。なお，税率の変更を目的とした改正税法の国会における成立日が期末日後であった場合には，変更後の税率による繰延税金資産および繰延税金負債の修正計算は行われません。

　注記が必要となる場合において，その影響額は期末の繰延税金資産および繰延税金負債と，改正後の税率に基づいて算定した法定実効税率により再計算した繰延税金資産および繰延税金負債との差額によって求めます。連結財務諸表については，連結財務諸表提出会社のみならず，連結子会社における決算日後における税率の変更も注記の対象となることに注意が必要です。

第6章

四半期・中間財務諸表における税効果会計

Point

- 四半期・中間財務諸表における税効果会計は，原則として年度と同様の処理が求められるほか，見積実効税率法など簡便的な会計処理が容認されています。

Q6-1　中間財務諸表および四半期財務諸表の税効果の考え方

Q	中間財務諸表および四半期財務諸表の税効果会計の考え方と会計処理の概要について教えてください。
A	中間財務諸表および四半期財務諸表の税効果会計は，原則として年度と同様の処理が求められるほか，見積実効税率法など簡便的な会計処理が容認されています。

解　説

1．中間財務諸表の税効果会計の考え方

　中間財務諸表は従来より，利用者に対してどのような情報を提供するかという観点の違いから，「実績主義」と呼ばれる考え方と，「予測主義」と呼ばれる考え方の2つの異なった見解が存在しました。

　まず「実績主義」は，中間財務諸表における中間会計期間を事業年度と並ぶ一会計期間と捉える考え方です。この考え方に基づけば，中間財務諸表を原則として年度の財務諸表と同じ会計基準を適用して作成することになります。これにより中間財務諸表は中間会計期間における財政状態および経営成績を当該中間会計期間の純粋な実績に基づき，財務諸表利用者に情報を提供することになります。

　一方で「予測主義」は，中間会計期間を事業年度の一構成部分と位置付ける考え方です。

　上記の「実績主義」と「予測主義」の考え方をまとめると図表6-1のとおりです。

　中間税効果実務指針では，中間財務諸表について「実績主義」の考え方をとっています。

図表6-1　実績主義と予測主義

	実績主義	予測主義
中間会計期間の概念	事業年度と同様	事業年度の　構成要素
採用する会計処理基準	年度決算と同様	別途例外処理あり
提供する情報としての位置付け	中間会計期間の財政状態および経営成績	中間会計期間を含む事業年度の業績予測資料
会計制度における採用	現行制度	従来の制度

2．中間財務諸表の税効果会計の会計処理の概要

　中間財務諸表における税金費用は，中間会計期間を一事業年度とみなして，年度決算と同様の方法により計算します（以下，この計算方法を「原則法」といいます）（中間税効果会計適用指針5，6）。

　ただし，中間会計期間を含む事業年度の税効果会計適用後の実効税率を合理的に見積り（以下「見積実効税率」といいます），税引前中間純利益に当該見積実効税率を乗じて計算することができます（以下，この計算方法を「簡便法（見積実効税率法）」といいます）（中間税効果会計適用指針5，11）。

　なお，見積実効税率を用いて中間会計期間に係る税金費用を計算すると著しく合理性を欠く結果となる場合は，法定実効税率を用いて当該税金費用を計算します（中間税効果会計適用指針14）。

図表6-2　中間財務諸表における税金費用の算定方法

項目	税金費用の算定方法	
原則法	年度決算と同様の方法（適用指針6）	
簡便法	見積実効税率法（適用指針11）	左記の方法で計算すると著しく合理性を欠く場合は法定実効税率を使用する（適用指針14）

（注）　「適用指針」は中間税効果会計適用指針を示している。

3．四半期財務諸表の税効果会計の会計処理の概要

　四半期会計基準第9項でも「四半期連結財務諸表作成のために採用する会計方針は，四半期特有の会計処理を除き，原則として年度の連結財務諸表の作成にあたって採用する会計方針に準拠しなければならない。」としています。

　税金費用の計算については，四半期会計基準および四半期会計適用指針において「四半期特有の会計処理」として取り上げられており，その概要は図表6-3のとおりです。

図表6-3　四半期財務諸表における税金費用の算定方法

項目	税金費用の算定方法		繰延税金資産等
原則的な方法	年度決算と同様の方法（基準14）		一定の条件のもと，前年度末の検討に使用した将来の業績予測やタックス・プランニングを利用できる（適用指針16）
	簡便的な方法（加減算項目や税額控除項目を重要なものに限定）（適用指針15）		
四半期特有の会計処理	見積実効税率法（基準14ただし書き）	左記の方法で計算すると著しく合理性を欠く場合は法定実効税率を使用する（適用指針19）	
	見積実効税率法において考慮する一時差異等に該当しない項目や税額控除等の算定を重要なものに限定する方法（適用指針19）		
重要性が乏しい連結会社	税引前四半期純利益に前年度の税効果会計適用後の法人税等の負担率を乗じて計算する方法（経営環境の著しい変化が発生していない等の一定の条件が必要）（適用指針20）		前年度末と同額が計上される（適用指針20）

（注）「基準」は四半期会計基準を，「適用指針」は四半期会計適用指針を示している。

Q6-2 見積実効税率法の会計処理

Q	中間財務諸表および四半期財務諸表の税効果会計における見積実効税率法について教えてください。
A	中間財務諸表と四半期財務諸表の税効果会計において簡便的な方法として認められている見積実効税率法は，税引前中間（または四半期）純利益に見積実効税率を乗じて，税金費用を計算する方法です。

解 説

　中間財務諸表における税金費用は，簡便的な方法として税引前中間純利益に見積実効税率を乗じて計算することが認められています（中間税効果適用指針11）。また，四半期財務諸表でも，税引前四半期純利益に年間見積実効税率を乗じて計算する方法が容認されています（四半期会計基準14）。

　ここで，見積実効税率法とは，中間会計期間を含む事業年度の合理的に見積られた見積実効税率を税引前中間純利益に乗じて税金費用を計算する方法で，年間での税引前当期純利益の税金費用負担割合を見積り，中間純利益も同様の税金費用の負担をすべきであるとの考え方に基づいています。簡便法では原則法と異なり，納付税額と法人税等調整額を区分することなく一括して税金費用を算定することになります（中間税効果適用指針12）。

図表6-4　見積実効税率法の算式

税金費用＝税引前中間純利益×見積実効税率

$$見積実効税率＝\frac{予想年間税金費用}{予想年間税引前当期純利益}$$

予想年間税金費用＝（予想年間税引前当期純利益±一時差異等に該当しない項目）×法定実効税率

設例6−1	見積実効税率法

前提条件

① 当第1四半期会計期間に係る税引前四半期純利益1,000，将来減算一時差異として減価償却超過額が150，交際費等の一時差異に該当しない差異が100とする。

② 予想年間税引前当期純利益が4,000とし，一時差異等に該当しない差異の年間発生予想額を400とする。

③ 法定実効税率は30％とする。また，計算の簡略化のため納付税額は課税所得に法定実効税率30％を乗じた全額と同額になるものとする。

④ 繰延税金資産の回収可能性はすべて問題なく全額計上できるものとする。

見積実効税率法の計算

1．見積実効税率の計算

予想年間税引前当期純利益と一時差異等に該当しない差異の年間発生予想額を使用して，見積実効税率を算定します。

予想年間税引前当期純利益	4,000	A
一時差異等に該当しない差異	400	
合計	4,400	B
法定実効税率	30％	C
予想年間税金費用	1,320	D = B × C
見積実効税率	33％	D ÷ A

2．税金費用の計算

税引前四半期純利益	1,000
見積実効税率	33％
税金費用計上額	330

見積実効税率法による仕訳

（借）法人税，住民税及び事業税	330	（貸）未払法人税等	330

Q6-3　見積実効税率法が使えない場合

Q	中間財務諸表および四半期財務諸表の税効果会計において見積実効税率法が使えない場合の会計処理を教えてください。
A	見積実効税率を用いて税金費用を計算すると，著しく合理性を欠く結果となる場合など，見積実効税率法が使えない場合は，法定実効税率を用いて税金費用を計算します。

解 説

見積実効税率を採用して計算すると著しく合理性を欠く結果となる場合

　見積実効税率を用いて税金費用を計算すると著しく合理性を欠く結果となる場合がありますが，中間税効果会計適用指針では著しく合理性を欠く結果となる場合として，以下の①～③の3つを挙げています（中間税効果会計適用指針14項）。

① 予想年間税引前当期純利益がゼロまたは損失となる場合
② 予想年間税金費用がゼロまたはマイナスとなる場合
③ 上期と下期の損益が相殺されるため，一時差異等に該当しない項目に係る税金費用の影響が予想年間税引前当期純利益に対して著しく重要となる場合

　まず，上記の①および②の場合は，見積実効税率を計算する場合に分母または分子がゼロまたはマイナスとなってしまうため，見積実効税率では著しく合理性を欠くことがわかります。

　次に③は，例えば中間財務諸表のケースにおいて，上期の損益と，下期の損益が相殺されるため，予想年間税引前当期純利益が，上期または下期に計上される税引前当期純利益と比べて著しく小さくなってしまい，その結果，一時差異等に該当しない項目である交際費等の比率が高くなるケースです。この場合には見積実効税率を使うと著しく不合理な結果となってしまいます。数値を用いて説明すると，例えば上期の税引前利益が500，下期の税引前損失が△400で，下期に交際費等の損金不算入額が300発生する見込みだったとし，法定実効税率30％とすると，見積実効税率は以下のように計算されます。

$$見積実効税率 = \frac{\{(500-400) \ + 300\} \ \times 30\%}{500-400} = 120\%$$

　上記見積実効税率を使用して上期の税金費用を計算すると，$500 \times 120\% =$ 600で税金費用が税引前利益を超過し，明らかに不合理な結果となってしまいます。

　よって上記①〜③のケースのように見積実効税率によって税金費用を計算すると著しく合理性を欠く結果になってしまう場合は，税引前中間純利益（または税引前中間純損失）に法定実効税率を乗じることにより税金費用を計算します。

　法定実効税率を用いた税金費用の具体的な計算は図表6-5になります。

図表6-5　法定実効税率を用いた税金費用の算式

税金費用＝税引前中間（または四半期）純利益（または※損失）×法定実効税率

※繰延税金資産の回収可能性を判断し，回収が見込まれる額を計上します。

ここ注意！

　上記のように，税引前中間純利益に法定実効税率を乗じて税金費用を計算しますが，一時差異等に該当しない項目が重要な場合，当該項目の額を税引前中間純利益に加減した上で法定実効税率を乗じて計算します（中間税効果会計適用指針15）。

Q6-4 繰延税金資産の回収可能性の判断の方法

Q	四半期財務諸表の税効果において，繰延税金資産の回収可能性の判断の方法について教えてください。
A	四半期財務諸表の税効果における繰延税金資産の回収可能性の判断は，原則として年度決算と同様ですが，実務上の負担を回避する目的から簡便的な取扱いが認められています。

解 説

1．四半期財務諸表の税効果における繰延税金資産の回収可能性の判断の概要

　四半期財務諸表においても，原則として年度決算と同様に回収可能性等を検討したうえで，四半期貸借対照表に計上することとされています。

　他方で四半期財務諸表においては，実務上の過度な負担を回避する目的から，以下の2つの事象を勘案して簡便的な取扱いをすることが認められています。

> 【事象1】
> 　重要な企業結合や事業分離，業績の著しい好転または悪化，その他経営環境の著しい変化。
> 【事象2】
> 　一時差異等の発生状況についての前年度末から大幅な変動。

2．事象1，2とも該当がない場合

　繰延税金資産の回収可能性の判断にあたり，前年度末の検討において使用した将来の業績予測やタックス・プランニングを利用することができるとされています（四半期会計適用指針16）。

3．事象1，2のいずれかに該当する場合

　このような場合でも，財務諸表利用者の判断を誤らせない範囲において，繰延税金資産の回収可能性の判断にあたり，前年度末の検討において使用した将

来の業績予測やタックス・プランニングに，当該著しい変化または大幅な変動
による影響を加味したものを使用することができるとされています（四半期会
計適用指針17）。

第7章

グループ通算制度における税効果会計

Point

- 令和2年度税制改正では，連結納税制度における損益通算等のメリットを残しつつ，制度の簡素化等の抜本的な見直しが行われ，2022年4月1日以後開始事業年度から連結納税制度は「グループ通算制度」に移行しました。
- 通算会社の個別財務諸表においては，財務諸表上の一時差異等に対して，繰延税金資産および繰延税金負債を計算し，個別財務諸表における繰延税金資産の回収可能性については通算税効果額の影響を考慮し，スケジューリングに従って回収可能性を判断します。
- 繰越欠損金については，グループ通算制度の開始時に一定の要件を満たして認められた「特定繰越欠損金」とグループ通算制度開始後に生じた「特定繰越欠損金以外の繰越欠損金」の2種類があり，それぞれについて回収が見込まれる金額を繰延税金資産として計上します。
- 連結財務諸表では，通算グループ全体に対して税効果会計を適用することとされており，連結財務諸表における繰延税金資産は，通算会社の個別財務諸表における計上額を単に合計したものではなく，通算グループ全体として，繰延税金資産の回収可能性の判断に関する手順に基づき計上します。

Q 7-1 グループ通算制度の概要と連結納税制度との相違点

Q	グループ通算制度の概要と連結納税制度との主な違いについて教えてください。
A	連結納税制度が企業グループ全体を1つの納税単位とする制度であるのに対して、グループ通算制度は企業グループの各法人を納税単位として個別に申告する制度になります。 グループ通算制度は、連結納税制度と同様に適用することにより、企業集団内に赤字や欠損金を有する会社が存在する場合は、その分だけ税金負担額を軽減することができます。 グループ通算制度は連結納税制度と同じく、法人税のみを対象としています。

解 説

1．グループ通算制度の概要

　令和2年度税制改正では、連結納税制度における損益通算等のメリットを残しつつ、制度の簡素化等の抜本的な見直しが行われ、2022年4月1日以後開始事業年度から連結納税制度は「グループ通算制度」へ移行しました。

　従前の連結納税制度は、企業グループ全体を1つの納税単位とする制度であり、各法人の所得金額と欠損金額を合算（損益通算）して計算した連結所得金額に、親法人の適用税率を乗じ、各種税額控除等を行って連結法人税が計算されていました。ところが、連結納税制度では損益通算等により、単体納税に比べて連結グループ全体の法人税額が減少するというメリットがある一方、税額計算の煩雑さや、誤りが生じた場合にグループ全体の再計算が必要というデメリットがありました。

　この点、グループ通算制度は、損益通算等のメリットを残しつつ、親法人および各子法人が法人税の申告を行う個別申告方式となっています。グループ通算制度の主な概要は図表7-1のとおりです。

図表 7 - 1　　グループ通算制度の主な概要

項　目	内　容
基本的な仕組み	親法人および子法人が法人税の申告を行う。
所得金額および法人税額の計算	• 損益通算 ① 欠損法人 [※1] の欠損金額の合計額を所得法人 [※2] の所得の金額の比で配分し，所得法人において損金算入 ② ①の合計額を欠損法人の欠損金額の比で配分し，欠損法人において益金算入 • 欠損金の通算 欠損金の繰越控除額の計算は，基本的に連結納税制度と同様。
適用時期	2022年 4 月 1 日以後開始する事業年度から適用。
開始・加入時の時価評価課税	• 一定の要件を満たす場合を除き，親法人および子法人の保有する一定の資産について時価評価され，その評価損益は，グループ通算制度の適用（加入）直前の事業年度において，当該通算法人 [※3] の課税所得に算入される。 • 通算制度の開始時または加入日において，開始・加入後に親法人との間に完全支配関係の継続が見込まれない通算子法人（開始・加入後に損益通算をせずに 2 か月以内に通算グループから離脱する法人を除く）の株式を有する他の通算法人（株式等保有法人）において，その通算子法人の株式の時価評価がされ，その評価損益は，株式等保有法人の通算制度開始直前事業年度または加入日の前日の属する事業年度の課税所得に算入される。
開始・加入に伴う欠損金等の制限	一定の要件を満たす場合を除き，開始・加入時に通算法人の欠損金の切捨て等の制限がある。
通算税効果額の授受	内国法人が他の内国法人との間で通算税効果額 [※4] を授受する場合には，その授受する金額は，益金および損金に算入しない。

（※1）「欠損法人」とは，事業年度終了の日において，損益通算前の欠損金額が生じている通算法人をいう。

（※2）「所得法人」とは，事業年度終了の日において，損益通算および欠損金の控除前の所得が生じている通算法人をいう。

（※3）「通算法人」とは，通算親法人および通算子法人をいう。

（※4）「通算税効果額」とは，法人税法第26条第 4 項に規定する通算税効果額をいい，損

益通算, 欠損金の通算およびその他のグループ通算制度に関する法人税法上の規定を
適用することにより減少する法人税および地方税の額に相当する金額として, 通算会
社と他の通算会社との間で授受が行われた場合に益金の額または損金の額に算入され
ない金額をいう (実務対応報告第42号 5⑽参照)。

2. 連結納税制度との相違点

　グループ通算制度は, 「1. グループ通算制度の概要」にも記載のとおり,
個別申告方式になりますが, それ以外において連結納税制度との主な相違点は
図表7-2のとおりです。

図表7-2　グループ通算制度と連結納税制度の主な相違点

項目	連結納税制度	グループ通算制度
適用法人	内国法人およびその内国法人との間にその内国法人による完全支配関係がある他の内国法人	同左
納税主体	連結親法人 (連結申告)	通算親法人および各通算子法人 (個別申告)
適用税率	連結親法人の適用税率	通算グループ内の各法人の適用税率
損益通算	連結グループ内の各法人の所得金額と欠損金額を合算して連結所得金額を計算	連結グループ内の欠損法人の欠損金額を所得法人の通算前所得金額の比で配分
欠損金の通算	● 非特定連結欠損金は連結グループ全体の所得金額から控除 ● 特定欠損金は各連結法人の所得金額の範囲内で控除 (控除限度額は連結所得金額の50%相当額)	● 特定欠損金以外の欠損金は通算グループ全体の所得金額から控除 ● 特定欠損金は各通算法人の通算後所得金額の範囲内で控除 (控除限度額は通算グループ内の各法人の通算後所得金額の50%相当額の合計額)
通算子法人株式の評価損益の取扱い	清算中の法人等を除き, 連結子法人株式について, 税務上の評価損の計上事由に該当する場合, 税務上の評価損の計上可	開始または加入後, 損益通算をせずに2か月以内に通算グループ外に離脱する法人の株式を除き, 税務上評価損の計上不可

通算子法人株式を他の通算法人に譲渡売却した場合の取扱い	譲渡損益について繰延べ	譲渡損益の繰延べは行われず，社外流出として処理
損益通算および欠損金の通算等の遮断措置	－	原則として修更正による他の法人への影響が遮断

（参考）　経理情報2021.10.1（No.1623）

Q7-2　実務対応報告第42号

Q	グループ通算制度を適用した場合における法人税および地方法人税ならびに税効果会計の会計処理および開示の取扱いについて定められている実務対応報告について教えてください。
A	実務対応報告第42号「グループ通算制度を適用する場合の会計処理及び開示に関する取扱い」が公表され，グループ通算制度を適用する企業の連結財務諸表および個別財務諸表ならびに連結納税制度から単体納税制度に移行する企業の連結財務諸表および個別財務諸表に適用されます。実務対応報告第42号では，その適用範囲，会計処理および開示の取扱いが定められています。

解 説

　2021年8月12日に，企業会計基準委員会（ASBJ）より，実務対応報告第42号「グループ通算制度を適用する場合の会計処理及び開示に関する取扱い」（以下「実務対応報告第42号」といいます）が公表されており，グループ通算制度を適用する企業の連結財務諸表および個別財務諸表ならびに連結納税制度から単体納税制度に移行する企業の連結財務諸表および個別財務諸表に適用されます。

　なお，実務対応報告第42号は，通算税効果額の授受を行うことを前提として

おり，通算税効果額の授受を行わない場合の会計処理および開示については，連結納税制度における取扱いを踏襲するか否かも含めて取り扱わないこととされています（実務対応報告第42号 3 ）。

通算税効果額の授受を行わない場合の会計処理および開示について，具体的な定めは存在しないことから，過年度遡及会計基準第 4 - 3 項に定める「関連する会計基準等の定めが明らかでない場合」に該当することになると考えられるとされています（実務対応報告第42号38）。したがって，財務諸表を作成するための基礎となる事項を財務諸表利用者が理解するために，採用した会計処理の原則および手続の概要を示すという開示目的に沿って，当該事項を注記する必要があるかを検討することになります（過年度遡及会計基準 4 - 2 ）。

また，グループ通算制度における通算税効果額は，グループ通算制度を適用したことによる税額の減少額であり，連結納税制度における個別帰属額と同様に法人税に相当する金額であるとされています。

このため，通算税効果額についても，連結納税制度における個別帰属額の取扱いを踏襲し，個別財務諸表における損益計算書において，当事業年度の所得に対する法人税および地方法人税に準ずるものとして取り扱うこととされています。

なお，前述した通算会社や通算税効果額の定義など，グループ通算制度適用下の税効果会計の用語は，実務対応報告第42号 5 項で図表 7 - 3 のように定義されています。

図表 7 - 3　グループ通算制度適用下の税効果会計の用語

用　語	定　　義
通算会社	グループ通算制度を適用する企業
通算親会社	通算会社のうち，連結納税義務者の承認を受けた通算親法人
通算子会社	通算会社のうち，連結親会社との間に完全支配関係があり，連結納税義務者の承認を受けた通算子法人
通算グループ	通算親会社および通算親会社との間に完全支配関係がある通算子会社により構成される企業集団

通算前所得	課税所得から損益通算および欠損金の通算による損金算入額または益金算入額等を除いた額
通算前欠損金	税務上の欠損金から損益通算および欠損金の通算による損金算入額または益金算入額等を除いた額
特定繰越欠損金	グループ通算制度を適用する前に生じた税務上の繰越欠損金であって一定の要件を満たす場合にグループ通算制度適用後にも控除可能な税務上の繰越欠損金等（法法64の7Ⅱ）
損益通算	通算グループ内で通算前欠損金が生じている通算会社の通算前欠損金の合計額を，通算前所得が生じている通算会社の通算前所得の合計額を限度として，所得会社の通算前所得の金額の比で配分し，所得会社において損金に算入するとともに，損金に算入された金額の合計額を欠損会社の通算前欠損金の金額の比で配分した額を，欠損会社において益金に算入すること
欠損金の通算	通算グループ全体の特定繰越欠損金以外の繰越欠損金の合計額を通算会社の損金算入限度額の比で配分した金額を，通算会社において損金に算入すること（法人税法第64条の7に規定する欠損金の通算）
通算税効果額	損益通算，欠損金の通算およびその他のグループ通算制度に関する法人税法上の規定を適用することにより減少する法人税および地方法人税の額に相当する金額として，通算会社と他の通算会社との間で授受が行われた場合に益金の額または損金の額に算入されない金額
一時差異等加減算前通算前所得	将来の事業年度における通算前所得の見積額から，当該事業年度において解消することが見込まれる当期末に存在する将来加算一時差異および将来減算一時差異の額を除いた額
投資簿価修正	通算会社が保有する他の通算会社の株式等の帳簿価額について，当該他の通算会社が通算会社でなくなる時点において，当該他の通算会社の税務上の簿価純資産価額との差額を加算または減算すること

Q 7-3 個別財務諸表の将来減算一時差異に対する繰延税金資産の回収可能性

Q	グループ通算制度を適用する場合，各通算会社の個別財務諸表における繰延税金資産の回収可能性についてどのように判断するのでしょうか。
A	個別財務諸表における繰延税金資産の回収可能性については通算税効果額の影響を考慮し，スケジューリングにより回収可能性を判断します。

解 説

　個別財務諸表における将来減算一時差異および税務上の繰越欠損金に係る繰延税金資産の回収可能性の判断については，実務対応報告第42号に定めのあるものを除き，回収可能性適用指針第6項から第34項の定めに従うことになります（実務対応報告第42号10）。

　グループ通算制度を適用する場合の個別財務諸表上の繰延税金資産の回収可能性に関しては，連結納税制度における取扱いが踏襲されており，回収可能性の判断にあたっては，以下の点に留意する必要があります。

1．税金の種類を区別する必要性

　グループ通算制度の対象となるのは法人税および地方法人税であり，住民税および事業税はグループ通算制度の対象ではありません。このため，法人税および地方法人税と住民税および事業税とでは，税効果会計における取扱いが異なり，これらを区別して税効果会計を適用する必要があります（実務対応報告第42号8）。すなわち，税金の種類ごとに繰延税金資産の回収可能性の判断を行う必要があり，また，繰延税金資産および繰延税金負債の計算に用いる税率についても，税金の種類ごとに算定する必要があります（実務対応報告第42号9）。

2．通算税効果額の影響を考慮する必要性

　繰延税金資産の回収可能性の判断に関する手順は，基本的には単体納税制度における手順（回収可能性適用指針11）と同様ですが，通算税効果額の影響を

考慮する必要があります。すなわち，将来加算一時差異の解消見込額と相殺しきれなかった将来減算一時差異の解消見込額について，まず，通算会社単独の将来の一時差異等加減算前通算前所得の見積額と解消見込年度ごとに相殺し，その後に，損益通算による益金算入見積額（当該年度の一時差異等加減算前通算前所得の見積額がマイナスの場合には，マイナスの見積額に充当後）と解消見込年度ごとに相殺することになります（実務対応報告第42号11(1)）。

　また，上記で相殺し切れなかった将来減算一時差異の解消見込額については，解消見込年度の翌年度以降において，特定繰越欠損金以外の繰越欠損金として取り扱われることから，次項に従って，税務上の繰越欠損金の控除見込年度ごとの損金算入のスケジューリングに従って回復が見込まれる金額と相殺することになります（実務対応報告第42号11(2)）。

設例7-1　繰延税金資産の回収可能性における通算税効果額の影響（通算子会社で全額回収できる事例）

前提条件

①　P社はS1社とS2社の100％株式を保有し，両社との間に完全支配関係があり，グループ通算制度を適用。

②　X1年末に生じている各社の将来減算一時差異はP社が400，S1社が100，S2社が300。

③　X2年の各社の一時差異等加減算前通算前所得の見積額は，P社が700，S1社が△300，S2社が400の見込み。

回収可能性の判断の手順

　繰延税金資産の回収可能性の判断にあたり，損益通算など通算税効果額を考慮した手順は，以下の表のとおりです。

発生および解消見込年度			将来減算一時差異			
			P社	S1社	S2社	合計
発生	X1年末		△400	△100	△300	△800
回収可能見込額の見積り	X2年	一時差異等加減算前通算前所得の見積額	700	△300	400	800
		将来減算一時差異の解消見込額	△400	△100	△300	△800
		通算前所得の見積額	300	△400	100	0
		損益通算	△300	400	△100	0
		課税所得の見積額	0	0	0	0
		一時差異等加減算前通算前所得の見積額による回収可能見込額	400		300	700
		損益通算による益金算入見積額	0	400	0	400
		上記のうち，一時差異等加減算前通算前所得のマイナスの見積額への充当額	0	△400	0	△400
		回収可能見込額	400	100	300	800

　上記において，S1社については，一時差異等加減算前通算前所得の見積額が△300であり，S1社単独の一時差異等加減算前通算前所得では将来減算一時差異100と相殺することができません。しかし，S1社の通算前所得△400が損益通算によりP社およびS2社に配分されるとともに，S1社では損益通算による益金算入400が見込まれます。損益通算による益金算入見積額400について，S1社の一時差異等加減算前通算前所得の見積額△300に充当した後の残高100により，将来減算一時差異と相殺することが可能であるため，S1社の個別財務諸表において，将来減算一時差異100は回収可能であると判断されることになります。

　次に，繰延税金資産の回収可能性における通算税効果額の影響を考慮した結果，通算子会社のS1社で全額回収できない事例を挙げます。

設例7-2　**繰延税金資産の回収可能性における通算税効果額の影響（通算子会社で全額回収できない事例）**

(前提条件)

① 　P社はS1社とS2社の100％株式を保有し，両社との間に完全支配関係があり，グループ通算制度を適用。

② 　X1年末に生じている各社の将来減算一時差異はP社が450，S1社が100，S2社が300。

③ 　X2年の各社の一時差異等加減算前通算前所得の見積額は，P社が500，S1社が△300，S2社が400の見込み。

(回収可能性の判断の手順)

　繰延税金資産の回収可能性の判断にあたり，損益通算など通算税効果額を考慮した手順は，以下の表のとおりです。

発生および解消見込年度			将来減算一時差異			
			P社	S1社	S2社	合計
発生	X1年末		△450	△100	△300	△850
回収可能見込額の見積り	X2年	一時差異等加減算前通算前所得の見積額	500	△300	400	600
		将来減算一時差異の解消見込額	△450	△100	△300	△850
		通算前所得の見積額	50	△400	100	△250
		損益通算	△50	150	△100	0
		課税所得の見積額	0	△250	0	△250
		一時差異等加減算前通算前所得の見積額による回収可能見込額	450	0	300	750
		損益通算による益金算入見積額	0	150	0	150
		上記のうち，一時差異等加減算前通算前所得のマイナスの見積額への充当額	0	△150	0	△150
		回収可能見込額	450	0	300	750

　上記において，Ｓ１社については，一時差異等加減算前通算前所得の見積額が△300であり，設例７－１と同じくＳ１社単独の一時差異等加減算前通算前所得では将来減算一時差異100と相殺することができません。

　ここで設例７－１と同じように，Ｓ１社の通算前所得△400が損益通算によりＰ社およびＳ２社に配分されますが，このケースでのＳ１社での損益通算による益金算入見積額は150になります。

　損益通算による益金算入見積額150について，Ｓ１社の一時差異等加減算前通算前所得の見積額△400に充当した後の残高は△250になることから，Ｓ１社の個別財務諸表において，将来減算一時差異100は回収不能であると判断されることになります。

３．回収可能性の判断を行うにあたっての企業の分類

　回収可能性を判断する際の企業の分類については，単体納税制度における考え方（回収可能性適用指針第15項から第32項）が基礎となりますが，「通算グループ内のすべての納税申告書の作成主体を１つに束ねた単位（通算グループ全体）の分類」と「通算会社の分類」をそれぞれ判定し，「いずれか上位の分類」に応じて将来減算一時差異に係る繰延税金資産の回収可能性の判断を行うことになります（実務対応報告第42号13⑴，⑵）。

　なお，「通算会社の分類」の判定は，従来の単体納税制度における分類の判定と同様ですが，損益通算や欠損金の通算を考慮せず，自社の通算前所得または通算前欠損金に基づいて判定する点に留意が必要です（実務対応報告第42号13⑴）。一方，「通算グループ全体の分類」の判定においては，「一時差異等」や「課税所得」，「税務上の欠損金」，「一時差異等加減算前課税所得」等の通算会社ごとに生じる項目は，その合計が通算グループ全体で生じるものとして取り扱い，企業の分類の判定を行うことになります（実務対応報告第42号17）。

　なお，「通算グループ全体の分類」と「通算会社の分類」のいずれか上位の分類に応じて回収可能性を判断する取扱いは，あくまで，グループ通算制度の対象となる法人税および地方法人税に係る部分についてのみである点に留意が必要です。

　以上をまとめると，将来減算一時差異に係る繰延税金資産の回収可能性を判断する際の企業の分類は，図表７－４のとおりとなります。

		通算グループ全体の 連結財務諸表	各通算会社の 個別財務諸表
将来減算一時差異に係る繰延税金資産	法人税・地方法人税	通算グループ全体の企業分類	通算グループ全体の企業分類と各通算会社の企業分類のいずれか上位
	住民税・事業税	各通算会社の企業分類	

図表7-4　将来減算一時差異に係る繰延税金資産の回収可能性を判断する際の企業の分類

Q7-4　税務上の繰越欠損金に係る繰延税金資産の回収可能性

Q グループ通算制度を適用する場合，各通算会社の個別財務諸表において，税務上の繰越欠損金に係る繰延税金資産の回収可能性についてどのように判断すればよいでしょうか。

A グループ通算制度には，グループ通算制度の開始時に一定の要件を満たして認められた「特定繰越欠損金」とグループ通算制度開始後に生じた「特定繰越欠損金以外の繰越欠損金」の2種類の繰越欠損金があり，それぞれについて回収が見込まれる金額を繰延税金資産として計上することとされています。

解説

1．「特定繰越欠損金」と「特定繰越欠損金以外の繰越欠損金」

　グループ通算制度には，「特定繰越欠損金」と「特定繰越欠損金以外の繰越欠損金」の2種類の繰越欠損金があります。

　「特定繰越欠損金」は，単体納税時に発生した繰越欠損金のうち，グループ通算制度の開始時や新規加入時において，一定の要件を満たす場合にグループ通算制度に持ち込むことが認められたものをいい，自社の所得に対してのみ控除可能です。一方，「特定繰越欠損金以外の繰越欠損金」は，グループ通算制

度開始後に生じた繰越欠損金であり，通算グループ内の他の法人の所得金額からも控除可能です。なお，経過措置として，連結納税制度からグループ通算制度に移行する法人における非特定連結欠損金は，グループ通算制度において「特定繰越欠損金以外の繰越欠損金」として，通算グループ内で控除することができます。

これらの繰越欠損金は以下の順序で控除されます。

(1) 発生年度の古い順に控除
(2) 同じ発生年度の「特定繰越欠損金」と「特定繰越欠損金以外の繰越欠損金」がある場合は，特定繰越欠損金を先に控除

2．税務上の繰越欠損金に係る繰延税金資産の回収可能性の判断

税務上の繰越欠損金に係る繰延税金資産の回収可能性の判断に関しても，連結納税制度における取扱いが踏襲されており（実務対応報告第42号51），「特定繰越欠損金」と「特定繰越欠損金以外の繰越欠損金」ごとに，その繰越期間にわたって，将来の課税所得の見積額（税務上の繰越欠損金控除前）に基づき，税務上の繰越欠損金の控除見込年度ごとに損金算入限度額計算および翌期繰越欠損金額の算定手続に従って損金算入のスケジューリングを行い，回収が見込まれる金額を繰延税金資産として計上することとされています（実務対応報告第42号12）。

特定繰越欠損金に係る繰延税金資産の回収可能性は，税務上認められる繰戻・繰越期間内における当該通算会社の課税所得の見積額（税務上の繰越欠損金控除前）と通算グループ全体の課税所得の見積額の合計（税務上の繰越欠損金控除前）のうち，いずれか小さい額を限度に，当該各事業年度における特定繰越欠損金の繰越控除額を見積ることにより判断します（実務対応報告第42号【設例3】 2(※1) 参照）。

回収可能性の判断において，「特定繰越欠損金以外の繰越欠損金」については通算グループ全体の分類に応じた判断を行うこととされており，「特定繰越欠損金」については，損金算入限度額における課税所得ごとに，通算グループ全体の課税所得は通算グループ全体の分類に応じた判断を行い，通算会社の課

税所得は通算会社の分類に応じた判断を行うこととされています（実務対応報告第42号13(3)）。

　以上をまとめると，税務上の繰越欠損金に係る繰延税金資産の回収可能性を判断する際の企業の分類は，図表7−5のとおりとなります。

図表7−5　税務上の繰越欠損金に係る繰延税金資産の回収可能性を判断する際の企業の分類

			通算グループ全体の連結財務諸表	各通算会社の個別財務諸表
繰越欠損金に係る繰延税金資産	法人税・地方法人税	特定繰越欠損金以外の繰越欠損金	通算グループ全体の企業分類	
		特定繰越欠損金	損金算入限度額計算における課税所得ごとに判断 ●通算グループ全体の課税所得は通算グループ全体の企業分類 ●通算会社の課税所得は通算会社の企業分類	
	住民税・事業税		各通算会社の企業分類	

Q7-5　連結財務諸表における繰延税金資産の回収可能性

Q グループ通算制度を適用する場合，連結財務諸表における繰延税金資産の回収可能性についてどのように判断すればよいでしょうか。

A 連結納税制度における取扱いを踏襲し，連結財務諸表においては，通算グループ全体に対して税効果会計を適用することとされており，連結財務諸表における繰延税金資産は，通算会社の個別財務諸表における計上額を単に合計したものではなく，通算グループ全体として，繰延税金資産の回収可能性の判断に関する手順に基づき計上します。

解 説

　グループ通算制度においては，各通算会社が納税申告を行いますが，企業グループの一体性に着目し，完全支配関係にある企業グループ内における損益通算を可能とする基本的な枠組みは連結納税制度と同様であるとされており，グループ通算制度を適用する通算グループ全体が「課税される単位」となると考えられます（実務対応報告第42号47）。このため，連結納税制度における取扱いを踏襲し，連結財務諸表においては，通算グループ全体に対して税効果会計を適用することとされており，連結財務諸表における繰延税金資産は，通算会社の個別財務諸表における計上額を単に合計したものではなく，通算グループ全体として，繰延税金資産の回収可能性の判断に関する手順に基づき計上する必要があります。

　なお，通算グループ全体について，繰延税金資産の回収可能性の判断を行うにあたっては，回収可能性適用指針第11項の，「将来減算一時差異」は「通算グループ全体の将来減算一時差異の合計額」と，「将来加算一時差異」は「通算グループ全体の将来加算一時差異の合計額」と，「一時差異等加減算前課税所得の見積額」は「通算グループ全体の一時差異等加減算前課税所得の見積額の合計」と読み替えたうえで，回収可能性の判断を行うこととされています（実務対応報告第42号15）。

　具体的には，**Q7-3** の設例7-1であれば，通算グループ全体の将来減算一時差異800に対して，通算グループ全体の一時差異等加減算前通算前所得の見積額の合計が800であるため，全額が回収可能と判断されます。

　一方，**Q7-3** の設例7-2であれば，通算グループ全体の将来減算一時差異850に対して，通算グループ全体の一時差異等加減算前通算前所得の見積額の合計が750であるため，通算子会社のS1社の分が回収不能と判断されます。

　なお，「特定繰越欠損金」と「特定繰越欠損金以外の繰越欠損金」とに分けて，損金算入のスケジューリングを行い，回収が見込まれる金額を繰延税金資産として計上する点は，個別財務諸表上の取扱いと同様です（実務対応報告第42号16）。

　また，通算グループ全体について回収可能性があると判断された繰延税金資産の金額と，各通算会社の個別財務諸表において計上された繰延税金資産の合

計額との差額については，連結財務諸表上修正することとなります（実務対応報告第42号14）。例えば，「通算グループ全体の分類」よりも「通算会社の分類」のほうが上位であるため，個別財務諸表において「通算会社の分類」に基づき繰延税金資産の回収可能性の判断を行っている場合，連結財務諸表上は「通算グループ全体の分類」に基づき繰延税金資産の回収可能性の判断を行うことから，個別財務諸表において計上した繰延税金資産の合計額との差額が生じ，連結財務諸表上，減額修正が必要となる可能性があります。

Q7-6　開　示

Q	グループ通算制度を適用した場合の税金および税効果会計の開示について教えてください。
A	連結財務諸表では，連結財務諸表上の連結会社のうち，通算会社の法人税および地方法人税に係る繰延税金資産と繰延税金負債は，双方を相殺して表示します。 通算親会社の個別財務諸表では，通算税効果額は「法人税，住民税及び事業税」に含めて表示します。 通算子会社の個別財務諸表でも，通算税効果額は「法人税，住民税及び事業税」に含めて表示します。 開示としては，グループ通算制度を適用している期間においては適用していることを注記することが考えられます。

解　説

　グループ通算制度を適用した場合に必要となる税金および税効果の表示および開示は，次のとおり取り扱われると考えられます。

1．表　示

⑴　法人税および地方法人税に関する表示

　実務対応報告第42号に定められているものを除き，法人税および地方法人税に関する表示は，法人税等会計基準の定めに従います。

　なお，通算税効果額は，法人税および地方法人税を示す科目に含めて，個別財務諸表における損益計算書に表示し，通算税効果額に係る債権および債務は，未収入金や未払金などに含めて個別財務諸表における貸借対照表に表示します。

⑵　連結財務諸表

　連結納税制度における取扱いを踏襲し，法人税および地方法人税に係る繰延税金資産および繰延税金負債について，通算グループ全体の繰延税金資産の合計と繰延税金負債の合計を相殺して，連結貸借対照表の投資その他の資産の区分または固定負債の区分に表示することとされています。

2．注記事項

⑴　実務対応報告第42号の適用に関する注記（実務対応報告第42号28，61）

　実務対応報告第5号「連結納税制度を適用する場合の税効果会計に関する当面の取扱い（その1）」では，連結納税制度を適用した場合または取りやめた場合における最初の連結財務諸表および個別財務諸表においてその旨を注記することとされていますが，実務においては，多くの企業が適用初年度のみならず，その後の年度においても重要な会計方針に連結納税制度を適用している旨の注記を行っていたとされています。

　グループ通算制度においても，適用開始から取りやめまでの期間において適用していることを示すことが，財務諸表利用者にとって有用であると考えられるため，実務対応報告第42号に従って法人税および地方法人税の会計処理またはこれらに関する税効果会計の会計処理を行っている場合には，その旨を税効果会計に関する注記の内容とあわせて注記することとされています。

⑵　税効果会計に関する注記（実務対応報告第42号62）

　実務対応報告第7号「連結納税制度を適用する場合の税効果会計に関する当

面の取扱い（その２）」（以下「実務対応報告第７号」といいます）では，連結納税制度における取扱いとして，評価性引当額について，税金の種類によって回収可能性が異なる場合には，税金の種類を示して注記することが望ましいとされています。しかし，評価性引当額を税金の種類ごとに開示することによる情報の有用性は限定的であると考えられ，また，連結納税制度における実務において，この定めに基づき注記を行っている会社はごく少数であることから，注記をすることが望ましいとの記載は踏襲しないとされています。

(3)　個別財務諸表における繰延税金資産に関する注記（実務対応報告第42号63）

　実務対応報告第７号では，連結納税親会社の個別財務諸表における法人税および地方法人税に係る繰延税金資産の計上額が，連結貸借対照表における回収可能見込額を大幅に上回り，その上回る部分の金額に重要性がある場合には，連結納税親会社の個別財務諸表に追加情報として注記することが必要になるとされています。

　この点，連結納税制度が導入されてから十数年が経過し仕組みが周知されていると考えられることから，グループ通算制度においては，この注記は不要であると考えられ，連結納税制度における取扱いを踏襲しないとされています。

(4)　連帯納付義務に関する注記（実務対応報告第42号30，64）

　連帯納付義務は制度に内在する義務でありグループ通算制度を適用している旨を注記することとしていることから，別途偶発債務としての注記を行う有用性は大きくないと考えられ，連帯納付義務について偶発債務としての注記を要しないとされています。

第 8 章

組織再編における
税効果会計

Point

- 組織再編に伴い受け取った子会社株式等に係る一時差異のうち，当該株式の受取時に発生したものについては，原則として繰延税金資産を計上しません。
- 100％子会社2社を合併させた場合，その直前の連結財務諸表における繰延税金資産の回収可能性については，合併を前提とせずに判断します。
- 組織再編の形式が取得等の場合には，資産調整勘定または差額負債調整勘定について，繰延税金資産または繰延税金負債を計上します。

Q8-1 資産調整勘定の税効果

Q	組織再編に伴い生じた資産調整勘定（または差額負債調整勘定）について，税効果会計上の取扱いを教えてください。
A	組織再編の形式が，事業を直接取得することとなる合併，会社分割等の場合には，取得企業は，企業結合日において，被取得企業または取得した事業から生じる一時差異等に係る税金の額を，将来の事業年度において回収または支払が見込まれない額を除き，繰延税金資産または繰延税金負債として計上します。

解 説

　平成18年度税制改正により，非適格合併等において，受け入れた資産および負債の差額（時価純資産）を，組織再編の対価の時価が上回る場合に資産調整勘定が，下回る場合に差額負債調整勘定（以下，両者を総称して「税務上ののれん」といいます）が認識されることとなりました。この税務上ののれんは，被取得企業または取得した事業から生じる一時差異等に該当し，当該一時差異等に係る税金の額を，将来の事業年度において回収または支払が見込まれない額を除き，繰延税金資産または繰延税金負債として計上することとなります（企業結合・事業分離適用指針71）。

　一方，取得の対価（支払対価）となる財の企業結合日における時価で算定される被取得企業または取得した事業の取得原価と，当該取得原価を企業結合日において識別可能なもの（識別可能資産および負債）に係る時価を基礎として受け入れた資産および引き受けた負債に配分された純額との差額を会計上「のれん」といいます。のれんは，取得原価と取得原価の配分額との差額であり，配分残余という性格上，税効果を認識しても同額ののれんが変動する結果となるため，あえて税効果を認識する意義は薄く，税効果は認識しません（企業結合・事業分離適用指針72）。

設例 8 − 1 　税務上ののれんの税効果

前提条件

(1)　非適格の吸収合併

(2)　取得原価900

(3)　被取得企業の識別可能資産Ａの時価（取得原価の配分額）800

(4)　資産Ａの税務上の取得価額1,000（＝取得企業における税務上の取得原価）

(5)　法定実効税率30％

(6)　取得企業の繰延税金資産は全額回収可能

会計処理

　取得企業は，企業結合日において，被取得企業から受け入れた資産および負債等に関して生じた一時差異等（識別可能資産Ａに対する取得原価の配分額800と当該資産の税務上の取得価額1,000との差額である税務上ののれん200（将来減算一時差異））について税効果60を認識します。一方，取得原価900と，識別可能資産Ａの時価800および認識された繰延税金資産60の合計額860との差額である，のれん40については税効果を認識しません。

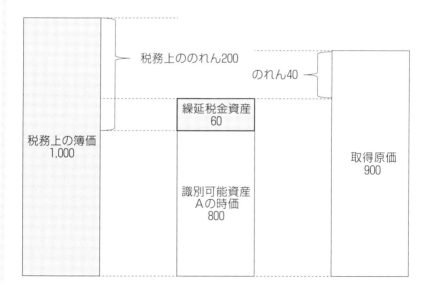

(借)	資　産　　A	800	(貸)	資　本　　金	900
	繰延税金資産	60			
	の　れ　ん	40			

Q8-2 組織再編に伴い受け取った子会社株式等に係る一時差異に関する税効果

Q 組織再編に伴い受け取った子会社株式等に係る一時差異に関する税効果について教えてください。

A 組織再編に伴い受け取った子会社株式および関連会社株式に係る将来減算一時差異のうち，当該株式の受取時に発生していたものについては，予測可能な将来の期間に，その売却等を行う意思決定または実施計画が存在する場合を除き，繰延税金資産を計上しません。

解　説

　組織再編に伴い受け取った子会社株式および関連会社株式（以下「子会社株式等」といいます）（事業分離に伴い分離元企業が受け取った子会社株式を除きます）に係る将来減算一時差異のうち，当該株式の受取時に発生していたものについては，予測可能な将来の期間に，その売却等を行う意思決定または実施計画が存在する場合を除き，繰延税金資産を計上しません（税効果会計適用指針8⑴ただし書き）。

　繰延税金負債について，組織再編に伴い受け取った子会社株式等（事業分離に伴い分離元企業が受け取った子会社株式を除きます）に係る将来加算一時差異について，親会社または投資会社がその投資の売却等を当該会社自身で決めることができ，かつ，予測可能な将来の期間に，その売却等を行う意思がない場合は計上しません（税効果会計適用指針8⑵②）。

Q8-3 100％子会社2社を合併させた場合の連結財務諸表の繰延税金資産の回収可能性の判断

Q

決算日後に業績好調な100％子会社A社と業績不良の100％子会社B社の合併が予定されています。

合併直前の期の決算において，各社の個別財務諸表上では，単独の収益力をベースとして繰延税金資産の回収可能性を判断することになりますが，連結財務諸表上では，A社・B社の2社合算で繰延税金資産の回収可能性の判断を見直してもよいか教えてください。

A

合併直前の期の決算における連結財務諸表は，合併を前提とせずに繰延税金資産の回収可能性を判断した子会社Aおよび子会社Bの個別財務諸表に基づき作成することになり，子会社Aおよび子会社Bの個別財務諸表における回収可能性の判断が連結財務諸表において見直されることはないと考えられます。

解　説

以下の1～2の趣旨から，合併直前の期の決算における連結財務諸表は，合併を前提とせずに繰延税金資産の回収可能性を判断した子会社Aおよび子会社Bの個別財務諸表に基づき作成することになり，子会社Aおよび子会社Bの個別財務諸表における回収可能性の判断が連結財務諸表において見直されることはないと考えられます。

なお，合併後に新会社が決算を行う際に，その実情に合わせて繰延税金資産の回収可能性を見直すことになると考えられます。

1．連結財務諸表において納税主体ごとに繰延税金資産の回収可能性の判断を行う趣旨

連結財務諸表は，企業集団に属する親会社および子会社が一般に公正妥当と認められる企業会計の基準に準拠して作成した個別財務諸表を基礎として作成することとされています（連結会計基準10）。また，連結決算手続においては，連結財務諸表における繰延税金資産および繰延税金負債として，連結財務諸表

固有の一時差異が生じた納税主体ごとに，当該連結財務諸表固有の一時差異に係る税金の見積額を計上すること（税効果会計適用指針8⑶）を踏まえると，各納税主体ごとの個別貸借対照表上の繰延税金資産の回収可能性の判断が連結財務諸表において見直されることは通常想定されていないと考えられます。これは，企業集団に属する親会社および子会社は法的に別法人であり，当該法人自体が単独の納税主体であることを踏まえたものと考えられます。

２．合併直前の期の決算において合併を前提とせずに繰延税金資産の回収可能性を判断する趣旨

　「企業結合会計基準および事業分離等会計基準に関する適用指針」（以下，「企業結合・事業分離適用指針」）では，税効果会計について，企業結合による影響は企業結合年度から反映させることを原則としています（企業結合・事業分離適用指針75（同項は取得に関する定めですが，共通支配下の取引においても同様の考え方であると解されます））。

　共通支配下の取引に該当する合併の場合，繰延税金資産および繰延税金負債も含めて，消滅会社の合併期日前日の適正な帳簿価額で合併受入処理が行われます。消滅会社の繰延税金資産および繰延税金負債の適正な帳簿価額は，合併を前提としない場合に計上される金額であり，存続会社は，当該金額をそのまま引き継ぎ，合併によるスケジューリングや課税所得の見積額の影響は合併期日を含む決算で処理されることになります。

　このような考え方は，消滅会社から引き継ぐ繰延税金資産および繰延税金負債は，消滅会社から引き継ぐ事業に係るものであるため，合併を前提とせず，消滅会社において計上される範囲の繰延税金資産および繰延税金負債に限られ，合併による影響は，合併の効果として合併後に計上するのが妥当であると判断されたものと解されます。

　上記は個別財務諸表に関する取扱いの趣旨ですが，１に記載した連結財務諸表において納税主体ごとに繰延税金資産の回収可能性を判断する趣旨を踏まえると，連結財務諸表においても合併を前提として繰延税金資産の回収可能性の判断を行うことはできないと考えられます。

　また，完全子会社同士の合併の場合，連結財務諸表における経済実態は基本

的には合併前後において同様と考えられますが，課税関係については，個別納税主体ごとの課税関係となりますので，合併の前後で影響が生じることになります。

Q8-4　完全子会社間の会社分割により移転する事業に係る税効果

Q　P社の100%子会社であるA社は，同じく100%子会社であるB社に対して無対価会社分割によって事業を移転します。この場合，A社（分離元）において移転する事業に対して計上されていた繰延税金資産および繰延税金負債はどのように処理されるのでしょうか。なお，本件会社分割は税務上適格分割となります。

A　移転する事業に係る将来減算一時差異および将来加算一時差異に対応して計上されている繰延税金資産および繰延税金負債に関しては，移転資産・負債に含めて移転し，損益を通さず，直接吸収分割会社の変動する株主資本に含まれるものと考えられます。

解 説

　共通支配下の取引として行われる完全子会社間で事業を移転する無対価会社分割において，移転する事業に係る将来減算一時差異および将来加算一時差異に対応して計上されている繰延税金資産および繰延税金負債に関しては，移転資産・負債に含めて移転し，損益を通さず，直接吸収分割会社の変動する株主資本に含まれるものと考えられます。

　同一の完全親会社に支配されている完全子会社間の会社分割で，ある子会社の事業を他の子会社に無対価会社分割で移転する際の吸収分割会社（A社）では，企業結合・事業分離適用指針第255項に準じて会計処理を行い，一方，分割承継会社については，企業結合・事業分離適用指針第256項を参照しています（企業結合・事業分離適用指針203-2(2)②）。

　したがって，分割承継会社は分割期日の前日に吸収分割会社において付され

た適正な帳簿価額で資産および負債を引き継ぐものと考えられ，分離元企業に
おける税効果会計は，企業結合・事業分離適用指針第107項を準用することに
なると思われますが，投資が継続するとみる場合には，事業分離が行われない
ものと仮定した移転する事業に係る将来年度の収益力に基づく課税所得等を勘
案して判断するものと定められています（企業結合・事業分離適用指針107⑵）。

　完全子会社間での事業移転では，両社間に投資・被投資の関係はありません
が，吸収分割会社で取り崩した株主資本の額を分割承継会社に引き継ぐ会計処
理が行われることから（企業結合・事業分離適用指針437-3参照），企業結合・
事業分離適用指針第107項⑵を準用することが相当であり，対価たる株式との
交換が行われない場合であっても，法人税等調整額を相手勘定とする取崩しは
必要ないものと考えられます。

　なお，完全子会社間の無対価会社分割の場合，前述のとおり，吸収分割会社
で取り崩した株主資本の額を分割承継会社に引き継ぐ会計処理が行われますの
で，移転事業に係る繰延税金資産および繰延税金負債は，吸収分割会社で減少
する株主資本の額に含まれ，吸収分割会社で減少する株主資本は吸収分割承継
会社で増加する株主資本の額と同額となります。

Q8-5 完全子会社から完全親会社への会社分割により移転する事業に係る税効果

Q

P社の100%子会社である当社A社は，P社に対して会社分割（分社型会社分割）によって事業（会計上の帳簿価額200）を移転しており，また，当該組織再編に対して対価の支払いは行われていません。この場合，移転する事業に対して計上されていた繰延税金資産および繰延税金負債は，当社A社（分離元）においてどのように処理されるのでしょうか。
なお，本件会社分割は税務上適格分割となります。

A

移転事業に係る繰延税金資産および繰延税金負債に関しては，完全子会社間の会社分割により移転する事業に係る税効果の取扱い（Q8-4参照）とは異なり，分割会社A社の会社分割の効力発生日の属する事業年度の損益（法人税等調整額）として処理するものと考えられます。

解説

　完全子会社から完全親会社に事業を移転する無対価会社分割において，移転事業に係る繰延税金資産および繰延税金負債に関しては，完全子会社間の会社分割により移転する事業に係る税効果の取扱い（Q8-4参照）とは異なり，分割会社A社の会社分割の効力発生日の属する事業年度の損益（法人税等調整額）として処理するものと考えられます。

　同一の完全親会社に支配されている完全子会社から別の完全子会社への無対価会社分割による事業の移転の場合には，会社分割の前後で企業集団の経済実態には何ら影響がないと考えることができるため，分割会社で取り崩した株主資本の額を承継会社で引き継ぐこととされており（企業結合・事業分離適用指針437-2，437-3），分割会社と承継会社の株主資本が同額増減するように，移転事業に係る繰延税金資産および繰延税金負債は，分割会社で変動する株主資本の額に含まれ，法人税等調整額は計上されないと考えられます（Q8-4参照）。

＜分離元Ａ社の仕訳例（Ａ社⇒Ｐ社の別の完全子会社Ｂ社：無対価の場合）＞

| （借） | 株 主 資 本 | 220 | （貸） | 移 転 資 産 負 債 | 200 |
| | | | | 繰 延 税 金 資 産
（移転資産負債分） | 20 |

　しかし，本件は無対価による完全子会社から完全親会社への吸収分割であり，承継会社である完全親会社は新株を発行しておらず，子会社が取り崩した株主資本を承継することができないため，分割会社（子会社Ａ社）では上述のような例外的な処理方法を行うことができません。したがって，変動させる株主資本には移転資産負債に係る繰延税金資産および繰延税金負債は含めない取扱い（企業結合・事業分離適用指針221，226）を適用することになり，移転事業に係る繰延税金資産および繰延税金負債を取り崩して法人税等調整額を計上することになると考えられます。

＜分離元Ａ社の仕訳例（Ａ社⇒Ｐ社：無対価の場合）＞

| （借） | 株 主 資 本 | 200 | （貸） | 移 転 資 産 負 債 | 200 |
| （借） | 法 人 税 等 調 整 額 | 20 | （貸） | 繰 延 税 金 資 産
（移転資産負債分） | 20 |

巻末付録

1 IFRSとの差異一覧

1．対象となる基準

日本基準
「法人税，住民税及び事業税等に関する会計基準」（企業会計基準第27号） 「税効果会計に係る会計基準」（企業会計審議会） 「税効果会計に係る会計基準」の一部改正（企業会計基準第28号） 「税効果会計に係る会計基準注解」（企業会計審議会） 「繰延税金資産の回収可能性に関する適用指針」（企業会計基準適用指針第26号） 「税効果会計に係る会計基準の適用指針」（企業会計基準適用指針第28号） 「中間財務諸表等における税効果会計に関する適用指針」（企業会計基準適用指針第29号） 包括利益の表示に関する会計基準（企業会計基準第25号）等
IFRS
IAS第12号「法人所得税」

2．主要な差異

項目	日本基準	IFRS
繰延税金資産・負債の当初認識に関する適用除外	IFRSのような例外規定はない。	（IAS12.15，24） 企業結合でない取引であり，かつ取引時に会計上の利益にも課税所得（欠損金）にも影響を与えない取引から生じた資産または負債の当初認識から生ずる繰延税金資産，負債を認識することは禁止されている。 なお，IASBは2021年5月に「単一の取引から生じた資産及び負債に係る繰延税金（IAS第12号の改訂）」を公表した。この改訂では，企業結合ではない取引が，資産および負債の当初認識を生じさせ，かつ，取引

項目	日本基準	IFRS
		時において会計上の利益にも課税所得にも影響を与えない取引について生じた同額の将来加算一時差異と将来減算一時差異について，当初認識の免除規定（IAS第12号第15項および第24項）の対象外となり，当該一時差異から生じる繰延税金資産および繰延税金負債が認識される。例えば資産除去債務やリースのような取引が考えられる。この改訂は2023年1月1日以後開始する事業年度に適用され，早期適用が認められる。
のれんに対する税効果	（税効果会計適用指針43）子会社株式等の取得に伴い，資本連結手続上，認識したのれんについては，繰延税金資産および負債を認識しない。	（IAS12.15）のれんの当初認識時は，繰延税金負債を認識しない。 （IAS12.21B）ただし，各国の税法において，のれんの償却費が税務上損金算入される場合に，税務上の償却計算により当初認識後に新たに発生する将来加算一時差異については，繰延税金負債を計上する。 （IAS12.32A）のれんの当初認識時に会計上の帳簿価額よりも税務基準額が上回る場合には，回収可能性があると判断される場合に限り，企業結合の処理として当該将来減算一時差異に関して，繰延税金資産を認識する。

項目	日本基準	IFRS
繰延税金資産の回収可能性の判断	（回収可能性適用指針6(1)） 将来減算一時差異および税務上の繰越欠損金に係る繰延税金資産の回収可能性は，以下に基づいて，将来の税金負担額を軽減する効果を有するかどうかを判断する。 • 収益力に基づく一時差異等加減算前課税所得 • タックス・プランニングに基づく一時差異等加減算前課税所得 • 将来加算一時差異 なお，回収可能性の判断にあたり，会社分類ごとに数値基準（将来5年以内，将来1年以内等）を含めた詳細な取扱いが示されている。	（IAS12.24，27～31） 　繰延税金資産は，以下を考慮したうえで，将来減算一時差異を利用できる課税所得が生ずる可能性が高い（probable）範囲内で認識しなければならない。なお，評価性引当金を計上する2段階アプローチは採用されておらず，繰延税金資産は回収可能性があると認められる金額で直接計上する。 • 収益力に基づく課税所得の十分性 • タックス・プランニングの存在 • 将来加算一時差異の十分性 なお，回収可能性の判断にあたり，一定のガイダンスが提供されている（ただし，日本基準のように会社区分や数値基準は示されていない）。
	（税効果会計適用指針35） 連結上の未実現利益の消去に係る繰延税金資産の回収可能性について，回収可能性適用指針第6項の判断要件は適用しない（回収可能性の検討は不要）。	連結上の未実現利益の消去に係る繰延税金資産の回収可能性について，日本基準のような例外規定がないため，原則どおり回収可能性の検討が必要である。
未実現損益の消去に係る税効果	（税効果会計適用指針34） グループ内未実現損益に関する繰延税金資産または負債の計上額は，売却元において当該未実現損益に対して売却年度の課税所得計算に適用される税率に基づく法定実効税率を用いて計算する。	（IAS12.47） 日本基準のような例外規定はなく，原則どおり一時差異が発生している資産を有する企業（売却先）の税率を使用して計算する。

項目	日本基準	IFRS
当期税金と繰延税金の配分	（包括利益会計基準8） 当期税金および繰延税金の表示について包括的な定めはないが，基本的に当期の損益に含めて表示されているものと考えられる。しかし，その他の包括利益の内訳項目（その他有価証券評価差額金，繰延ヘッジ損益，為替換算調整勘定等）に関する税効果は，当期純損益ではなく，その他の包括利益から加減して表示しなくてはならない。	（IAS12.58，61A） 当期税金および繰延税金は，以下のいずれかに該当する場合を除き，収益または費用として認識し，当期純損益に含めなければならない。 • その税金がその他の包括利益または直接資本に認識される取引または事象から生じる場合 • その税金が企業結合（投資企業による純損益を通じて公正価値で測定することが要求される子会社の取得を除く）から生じる場合 その他の包括利益または資本に直接貸方計上または借方計上される項目に係る税金である場合，前期以前または当期に発生したかを問わず，当期税金も繰延税金も，その他の包括利益または直接資本に貸方計上ないし，借方計上しなければならない。
包括利益計算書（損益計算書）における表示	（税効果会計基準第三3） 当期の法人税等として納付すべき額と法人税等調整額は，別掲で損益計算書本体に記載される。	（IAS12.6，77，80） 経常的活動からの純損益に関する当期税金と繰延税金は，税金費用として包括利益計算書本体に記載し，注記によりそれぞれの内訳金額を開示する。
繰延税金資産・負債の相殺	（税効果会計基準一部改正2） 同一納税主体の繰延税金資産と繰延税金負債は，双方を相殺して表示する。	（IAS 12.74〜76） 同じ納税企業体だけでなく，非常に稀なケースに限られるが，企業が相殺するための法的強制力を有する場合など一定の要件を満たす場合には，異なる納税主体間の繰延税金資産と負債を相殺する。

2 Keyword

あ

一時差異

一時差異とは，連結貸借対照表および個別貸借対照表に計上されている資産および負債の金額と課税所得計算上の資産および負債の金額との差額をいう。なお，一時差異および税務上の繰越欠損金等を総称して「一時差異等」といい，税務上の繰越欠損金等には，繰越外国税額控除や繰越可能な租税特別措置法（昭和32年法律第26号）上の法人税額の特別控除等が含まれる。

一時差異等加減算前課税所得

一時差異等加減算前課税所得とは，将来の事業年度における課税所得の見積額から，当該事業年度において解消することが見込まれる当期末に存在する将来加算（減算）一時差異の額（および該当する場合は，当該事業年度において控除することが見込まれる当期末に存在する税務上の繰越欠損金の額）を除いた額をいう。

永久差異（一時差異等に該当しない差異）

永久差異とは，税引前当期純利益の計算においては収益または費用として計上されるが，課税所得計算においては永久に税務上の益金または損金に算入されないものをいう。当該差異は，将来において，課税所得を増額または減額させる効果を有さないため，一時差異等には該当せず，税効果会計の対象とはならない。永久差異の例示として以下のものが挙げられる。

(1) 会計上，収益として計上された受取配当金のうち，課税所得計算において永久に税務上の益金に算入されないもの

(2) 会計上，費用として計上された交際費のうち，課税所得計算において永久に税務上の損金に算入されないもの

か

外形標準課税

外形標準課税とは，公益法人等を除く資本の金額または出資金額が1億円を超える法人に対し，「付加価値割」および「資本割」という外形基準による課税をいう。地方税法の改正により，平成16年4月1日以後に開始する事業年度から，法人事業税に外形標準課税制度を導入することとなった。

外形基準である付加価値割の課税標準は，各事業年度の収益配分額（報酬給与額，純支払利子および純支払賃借料の合計額）と単年度損益を合算した付加価値額となる。しかし，この付加価値額は，その構成要素である単年度損益とその他の部

分とは相関関係にあるなど，課税所得の概念とは異なっている。また，資本割の課税標準は各事業年度の資本等の金額であるため，課税所得とは無関係となる。このように，これら2つの課税標準は，利益に関連する金額を課税標準として課される税金を対象にした税効果会計の計算論理には適合しないため，繰延税金資産および繰延税金負債を計算する場合の法定実効税率の算式に含めない。

課税所得

　課税所得とは，法人税等に係る法令の規定に基づき算定した各事業年度の所得の金額の計算上，当該事業年度の益金の額が損金の額を超える場合におけるその超える部分の金額をいう。

繰越欠損金

　税務上，単年度の課税所得がマイナスとなり税務上の欠損金が生じた場合，その発生年度の翌期以降で繰越期限切れとなるまでの期間（「繰越期間」という）に課税所得が生じた場合には，課税所得を減額することができる。繰越欠損金とは，この制度により将来に繰り越す欠損金をいう。

　繰越欠損金は，繰越期間における課税所得から繰り越された欠損金を控除することにより，それに対応する税額が減少することから，一時差異に準じるものとして取り扱う。

繰延法

　繰延法とは，会計上の収益または費用の額と税務上の益金または損金の額との間に差異が生じており，当該差異のうち損益の期間帰属の相違に基づくもの（期間差異）について，当該差異が生じた年度に当該差異による税金の納付額または軽減額を当該差異が解消する年度まで，繰延税金資産または繰延税金負債として計上する方法である。我が国の税効果会計基準では，資産負債法を採用しているが，連結財務諸表における未実現損益の消去に係る税効果会計については，例外的に繰延法が採用されている。繰延法により計上する繰延税金資産または繰延税金負債の計算に用いる税率は，期間差異が生じた年度の課税所得計算に適用された税率となる。

さ

財務諸表上の一時差異

　財務諸表上の一時差異とは，個別財務諸表において生じる一時差異のことをいい，個別財務諸表において以下のような場合に生じる。

(1) 収益または費用の帰属年度が税務上の益金または損金の算入時期と相違する場合
(2) 資産または負債の評価替えにより生じた評価差額等が直接純資産の部に計上され，かつ，課税所得計算に含まれていない場合

　なお，財務諸表上の一時差異は，将来減算一時差異または将来加算一時差異に
分類される。
　①　将来減算一時差異とは，財務諸表上の一時差異のうち，当該一時差異が解
　　　消する時にその期の課税所得を減額する効果をもつものをいう。
　②　将来加算一時差異とは，財務諸表上の一時差異のうち，当該一時差異が解
　　　消する時にその期の課税所得を増額する効果をもつものをいう。

資産負債法

　資産負債法とは，会計上の資産または負債の額と課税所得計算上の資産または
負債の額との間に差異が生じており，当該差異が解消する時にその期の課税所得
を減額または増額する効果を有する場合に，当該差異（一時差異）が生じた年度
にそれに係る繰延税金資産または繰延税金負債を計上する方法をいい，我が国の
税効果会計基準では，税効果会計の方法として資産負債法が採用されている。資
産負債法により計上する繰延税金資産または繰延税金負債の計算に用いる税率は，
一時差異の解消見込年度に適用される税率となる。

スケジューリング可能な一時差異

　スケジューリング可能な一時差異とは，スケジューリング不能な一時差異以外
の一時差異をいう（「スケジューリング不能な一時差異」参照）。

スケジューリング不能な一時差異

　スケジューリング不能な一時差異とは，以下のいずれかに該当する，税務上の
益金または損金の算入時期が明確でない一時差異をいう。
　①　一時差異のうち，将来の一定の事実が発生することによって，税務上の益
　　　金または損金の算入要件を充足することが見込まれるもので，期末に将来の
　　　一定の事実の発生を見込めないことにより，税務上の益金または損金の算入
　　　要件を充足することが見込まれないもの
　②　一時差異のうち，企業による将来の一定の行為の実施についての意思決定
　　　または実施計画等の存在により，税務上の益金または損金の算入要件を充足
　　　することが見込まれるもので，期末に一定の行為の実施についての意思決定
　　　または実施計画等が存在していないことにより，税務上の益金または損金の
　　　算入要件を充足することが見込まれないもの

税金費用

　税金費用とは，費用として認識した法人税等のことをいう。損益計算書の「法
人税，住民税及び事業税」に「法人税等調整額」を加算または減算し，法人税等
の更正，決定等による納付税額または還付税額がある場合にはこれを加算または
減算した金額のことをいう。

制限税率

制限税率とは，地方公共団体が超過税率による税率で課税する場合においても超えることのできない税率で，地方税法に規定されているものをいう。

税効果会計

税効果会計とは，貸借対照表に計上されている資産および負債の金額と課税所得の計算の結果算定された資産および負債の金額との間に差異がある場合において，当該差異に係る法人税等の金額を適切に期間配分することにより，法人税等を控除する前の当期純利益の金額と法人税等の金額を合理的に対応させるための会計処理をいう。

税務上の欠損金

税務上の欠損金とは，法人税等に係る法令の規定に基づき算定した各事業年度の所得の金額の計算上，当該事業年度の損金の額が益金の額を超える場合におけるその超える部分の金額をいう。

た

タックス・プランニング

タックス・プランニングとは，将来の法人税等の発生につき計画を行うことである。将来の課税所得の発生につき計画を立案することは，繰延税金資産の回収可能性を裏付けるうえで重要なことである。特に，保有している有価証券，不動産等を売却し，その含み益が実現することにより発生する課税所得によって，繰延税金資産の回収を計画している場合には，タックス・プランニングが不可欠である。この場合のタックス・プランニングは，売却可能性，売却予定時期，実現が予定される含み益の金額の妥当性について十分に検討する必要がある。

超過課税による税率

超過課税による税率とは，標準税率を超える税率で，地方公共団体が課税することが地方税法で認められているものをいう。

な

納税主体

納税主体とは，納税申告書の作成主体をいい，通常は企業が納税主体となる。

は

標準税率

標準税率とは，地方公共団体が課税する場合に地方税法（昭和25年法律第226号）で通常よるべきとされている税率をいう。

法人税等

　法人税等とは，法人税その他利益に関連する金額を課税標準とする税金をいう。法人税等には，法人税のほか，都道府県民税，市町村民税および利益に関連する金額を課税標準とする事業税が含まれる。

　一方，利益に関連する金額を課税標準としない税金は，法人税等に該当せず，税効果会計の対象とはされない。このような税金としては，住民税均等割，収入を課税標準とする事業税，固定資産税，事業所税，消費税等，過少申告加算税や重加算税等の罰科金，同族会社の留保金に課税される税金等がある。

法定実効税率

　法定実効税率の法定とは，各会社または連結子会社が所在する国または地域の法律で定められている税率を意味し，実効税率とは現実の納税者が負担する税額の課税標準に対する割合を意味する。

　我が国においては，グループ通算制度を適用する場合を除き，以下の算式により算定する。

$$法定実効税率 = \frac{法人税率 \times (1 + 地方法人税率 + 住民税率) + 事業税率}{1 + 事業税率}$$

　海外子会社の個別財務諸表における税効果会計については，当該国の税率に基づいて実効税率を算定することになる。その場合，累進税率が適用されている場合には，標準税率のほかに，当該子会社の将来の所得見込水準を反映させた平均税率を採用することも考えられる。

ま

見積実効税率法

　中間財務諸表および四半期財務諸表において，容認されている簡便法および四半期特有の会計処理による税金費用の計算方法で，中間会計期間または四半期累計期間を含む事業年度の税引前当期純利益に対する税効果会計適用後の実効税率を合理的に見積り，税引前中間純利益または税引前四半期純利益に，以下の算式により算定される当該見積実効税率を乗じて税金費用を計算する方法をいう。

$$見積実効税率 = \frac{予想年間税金費用^{(※1)}}{予想年間税引前当期純利益}$$

　（※1）　予想年間税金費用 ＝（予想年間税引前当期純利益 ± 一時差異等に該当しない項目）× 法定実効税率

　予想年間税金費用の算定においては，必要に応じて税額控除を考慮する。

ら

連結財務諸表固有の一時差異

連結財務諸表固有の一時差異とは，連結決算手続の結果として生じる一時差異のことをいい，課税所得計算には関係しない。連結財務諸表固有の一時差異の例示として以下のものが挙げられる。

① 子会社の資産および負債の時価評価による評価差額に係る一時差異

② 個別財務諸表において子会社株式の評価損を計上した場合の連結財務諸表における取扱い

③ 子会社に対する投資に係る一時差異

④ 債権と債務の相殺消去に伴い修正される貸倒引当金に係る一時差異

⑤ 未実現損益の消去に係る一時差異

⑥ 連結会社間における資産（子会社株式等を除く）の売却に伴い生じた売却損益を税務上繰り延べる場合の連結財務諸表上における取扱い

⑦ 連結会社間における子会社株式等の売却に伴い生じた売却損益を税務上繰り延べる場合の連結財務諸表における取扱い

⑧ 子会社等が保有する親会社株式等を当該親会社等に売却した場合の連結財務諸表における法人税等に関する取扱い

⑨ 退職給付に係る負債または退職給付に係る資産に関する一時差異

⑩ 子会社株式等の取得に伴い認識したのれんまたは負ののれんに係る繰延税金負債または繰延税金資産の取扱い

【参考文献】
新日本有限責任監査法人編『こんなときどうする？　連結税効果の実務詳解』（中央
　経済社，2018年）

【執筆者紹介】

表　晃靖

公認会計士。第2事業部に所属。
消費財，非鉄，IT，化学等の監査に従事。日本公認会計士協会 国際委員会 会計・監査インフラ整備支援対応専門委員，統合型リゾート専門委員会専門委員。共著に，『ミャンマーの会計・税務・法務 Q&A』（税務経理協会）などがある。

長谷川　敬

公認会計士。金融事業部に所属。
銀行やアセットマネジメント業の監査に従事。日本公認会計士協会 業種別委員会副委員長，保証実務専門委員会専門委員を歴任。

荒山　智章

公認会計士。金融事業部に所属。
銀行業や信販業の監査のほか，受託業務の内部統制に関する保証業務や私立大学での会計実務セミナー講師に従事。共著に，『業種別会計シリーズ 銀行業』（第一法規），『信用金庫・信用組合の会計実務と監査』（経済法令研究会）がある。

渡水　達史

公認会計士。金融事業部に所属。
アセットマネジメント業を中心に，銀行業や証券業の監査のほか，監査役研究会のセミナー講師に従事。共著に，『会社法決算書の読み方・作り方（第16版）』，『図解でスッキリ 仮想通貨の会計とブロックチェーンのしくみ』（以上，中央経済社）がある。

秋山　丈

公認会計士。第2事業部に所属。
インターネット関連企業のほか，グローバルに事業展開を行っている製造業等に幅広く従事。日本公認会計士協会東京会 出版編纂小委員会副委員長。共著に，『会計税務便覧』，『財務デュー・ディリジェンスと企業価値評価』（以上，清文社）などがある。

現場の疑問に答える会計シリーズ・6

Q&A 税効果会計の実務（第2版）

2019年 8 月25日　第 1 版第 1 刷発行	
2021年 4 月30日　第 1 版第 4 刷発行	
2022年 9 月10日　第 2 版第 1 刷発行	
2023年 8 月10日　第 2 版第 2 刷発行	

編　者　EY新日本有限責任監査法人
発行者　山　本　　　継
発行所　㈱中央経済社
発売元　㈱中央経済グループ
　　　　パブリッシング
〒101-0051　東京都千代田区神田神保町1-35
電話　03 (3293) 3371 (編集代表)
　　　03 (3293) 3381 (営業代表)
https://www.chuokeizai.co.jp
印刷／文唱堂印刷㈱
製本／㈲井上製本所

＊頁の「欠落」や「順序違い」などがありましたらお取り替えいたしま
　すので発売元までご送付ください。（送料小社負担）

ISBN978-4-502-43691-8　C3334

JCOPY〈出版者著作権管理機構委託出版物〉本書を無断で複写複製（コピー）す
ることは，著作権法上の例外を除き，禁じられています。本書をコピーされる場合
は事前に出版者著作権管理機構（JCOPY）の許諾を受けてください。
　　　JCOPY〈https://www.jcopy.or.jp　eメール：info@jcopy.or.jp〉